JN058708

「機械学習」と「AI」のはなし

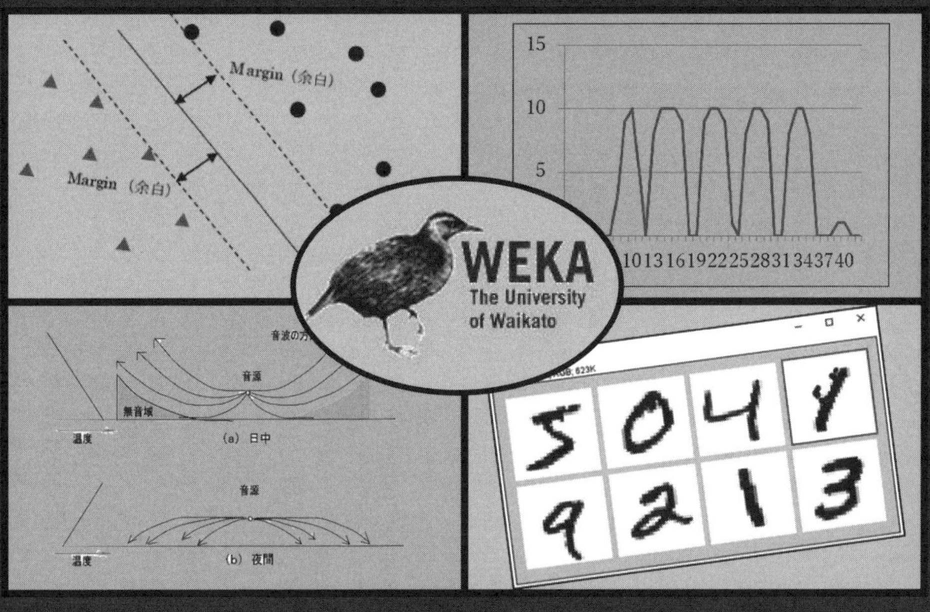

はじめに

本書は、

・「機械学習」や「AI」を学んでいきたい。

・数学やプログラムは苦手だ。

・できれば、自習でなんとか使ってみたい。

という方に向けて、「機械学習」「AI」について、「入門レベル」で解説しています。

そのため、可能な限り、「数学」や「プログラム」を使うことを避けました。

＊

現在では、非常に多くの「機械学習」「AI」に関する図書が刊行されています。

しかし、その多くは、「機械学習」の仕組みやプログラム、あるいは基礎理論である「数学」が多用されていて、「画像認識」や「音声認識」「言語処理」などをやってみたい、あるいは、「株価データ予測」や「マーケティング」「研究論文」に活用したい――などのニーズに、ズバリ応えている図書は、そう多くありません。

そこで、そうしたニーズに応えて、本書だけでも、ある程度の領域の「機械学習」「AI」を自前のパソコンで使えるように、構成してみました。

さらに、ステップアップしたいという方のために、各章ごとに参考文献を掲載してあります。

また、執筆にあたっては、初心者の方が「自前のパソコン」で用意できる環境を想定し、「使うソフトは無償かつ安心で安全なもの」を選定しました。

＊

本書のタイトルを「入門」ではなく「はなし」にしたのは、「機械学習」や「AI」について網羅的に知るだけでなく、初心者でも使えるように、全般的に浅く、部分的に深く学習できるように、という考えからです。

まずは「習うより慣れろ」の言葉通り、「機械学習」「AI」にトライしてみてください。

和田尚之

「機械学習」と「AI」のはなし

CONTENTS

第1章

予備知識

自分のパソコンで「機械学習」や「AI」を使ってみたいけど、数学や専門的なプログラムは苦手――という方を対象に、クリックだけでできる無償のソフトの使い方に触れます。

まずは、事前の予備知識を紹介します。

1-1　「機械学習」「AI」を学ぶための予備知識

「機械学習」「AI」を使っていくには、「CPU」や「GPU」とは何かを理解しておかなければなりません。

ここでは厳密な違いには触れませんが、(A)市販のパソコン(自前のパソコン)をそのままで使う環境では「CPU」を使い、(B)ハード的な増設を加えたり、大型コンピュータである「クラウド・コンピュータ」を使ったりする環境では、「GPU」という概念を理解する必要があります。

■「画像処理」とともに知る必要が出てきた「CPU」「GPU」

「ディープ・ラーニング」(Deep Learning：以下、「DL」)という言葉は、現在では多くの方が知っているでしょう。

実際にこの研究成果が世間で知られるようになったのは、2006年のカナダにあるトロント大学のジェフリー・ヒントン(Geoffrey Everest Hinton)らの手法提案から、2012年の物体識別の研究成果によるところが大きいと言われています。

写真などの画像をデータとして、その対象が、たとえば「ネコである」とか「リンゴである」という、画像の識別の問題です。

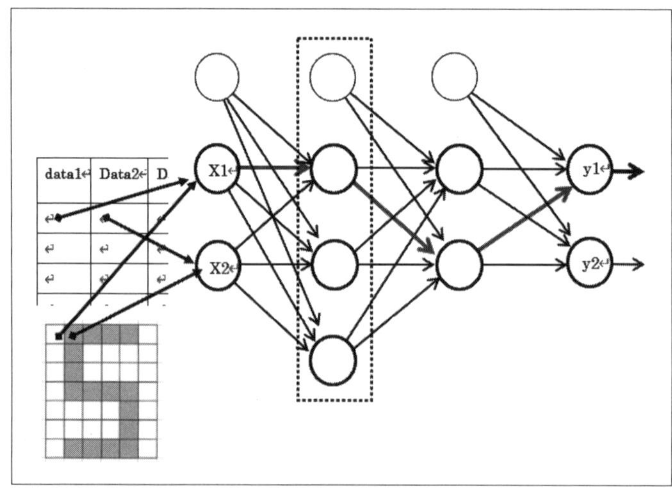

図1-1　ニューラル・ネットワーク

まだ詳細な仕組みを理解しなくてもかまいませんが、**図1-1**は、たとえば「数値データ」や「画像データ」(ここでの例は、手書きの「5」という文字)が、人間の脳をモデルにして作られた「ニューラル・ネットワーク」(Neural Network：以下、「NN」)に入るときの状態を図示したものです。

ここでは、「数値データ」は、ヨコの行のデータが1つ1つ「NN」に入っていきます。

たとえば、白部分は「0」、グレー部分は「1」のように入ります。

最初の図の丸い球が「ノード」(node)や「ニューロン」(Neuron)、あるいは「ユニット」(unit)と呼ばれ、最初のタテの列が「入力層」と呼ばれるものです。

「5」という手書き文字も、いくつかの「メッシュ」に区割りされ、これも一つ一つ「入力層」に入っていきます。

ここでは、タテに「7行」でヨコに「6列」なので、全部で「42画素」(pixels)になります。

画像データには、**図1-1**のような「手書き文字」のほか、「写真画像」があります。

たとえば、「1万画素」の画像写真の場合は、タテが「100」でヨコが「100」に分割されたものになります。

これが「入力層」に入るとなると、「入力層の数が1万個のノード」になるということです。

それで写真1枚です。

*

つまり、「画像データ」の写真1枚で1万個の「入力層」なので、もっと多くの1000枚の画像写真データとなれば、さらに残りの画像の「999」のデータを受け入れるための「容量」が必要になります。

これでは、私たちが日常で使っている「表計算」や「統計計算」のイメージでは、「どうもパソコンが動きそうもないのでは……？」と考えてしまいます。

*

パソコンの性能を左右するのが、「**CPU**」(Central Processing Unit：中央

演算処理装置)ですが、大規模な「画像データ」を処理するためには、この「CPU」だけではうまく動作しません。

PCのハードの容量が足りないからです。

そのためには、「**GPU**」(Graphics Processing Unit)というハード的な装置が必要になります。

大きな画像データなどを計算するには、「GPU」が必要になることを知っておきましょう。

＊

いろんな参考図書を購入して、「さてやってみよう」と思っても、画像処理などは、普通のパソコンだけではうまく動かないのは、ここに問題があります。

もちろん、パソコンのハードだけでなく、「機械学習」や「AI」では、具体的にどのようなソフトがあるのかも、ある程度は知っておく必要があります。

■「機械学習」と「AI」と「ディープ・ラーニング」はどう違うのか?

「AI」という用語は、1956年の米国ダートマス大学で開かれたダートマス会議で初めて生まれました。

コンピュータに、人と同じように「**人工的に思考**」(「Artificial Intelligence」:以下、「AI」)をさせることを目指して、現在も研究開発が進んでいます。

＊

人と同じように思考させるためには、大量のルールを教える必要があります。

多くのデータから人が「プログラミング」でルールを生成するのではなく、機械がデータから統計的な構造を抽出して、1つの命題に対して自動化するためのルールを生成するのが、「**機械学習**」(「Machine Learning」:以下、「ML」)と呼ばれるものです。

また、「**DL**」(ディープ・ラーニング)は、この機械学習の中でも「思考の過程」(「階層」という視点で見る)の表現を、「**NN**」のモデルで学習します。

ここでデータから得られたものを「意味のあるもの」に表現していく際に、特徴をつかむ「学習過程の層」を増やすことで、複雑な問題にアプローチしていくことができます。

この際の、層が深くなっていく学習を、**「深層学習」**(「DL」または「DNN」: Deep Neural Network)と呼んでいます。

こうした経緯から、「画像処理」「音声処理」「言語処理」「数値・文字データ処理」などを合わせ、広くとらえて、「AI」と呼ばれることが多くなってきています。

＊

まずは、「使っていく」ことが大事です。
初めてトライするときに、あまり神経質に呼称について考えていると、また腰が引けてしまいますから。

厳密な区分は、ある程度慣れてから、実際の問題を解いていくときに、再考査すればよいと思います。

図1-2が、「AI」「ML」「DL」の概念としてのイメージです。

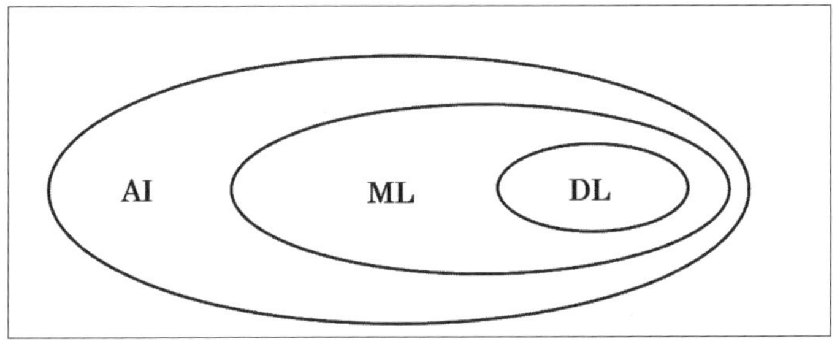

図1-2　AI、機械学習、「ディープ・ラーニング」

■「機械学習」と「AI」を使うためのソフト

ソフトには「有償」と「無償」のものがありますが、本書は「なんとか自分で使ってみたい」が前提なので、手軽に導入できる、「無償」のものを中心に紹介していきます。

＊

フリーソフトはかなり多くのものがありますが、大別して、「プログラミング」が(a)「必要なもの」と、(b)「不要なもの」に分かれます。

現在は、プログラミングが前提の機械学習には「Python」(パイソン)が最も多く使われています。

もちろん、その他に、「C」や「R」や「Java」などもありますが、「Python」は非常に多く図書が刊行されており、「入門編」から「かなり高度なもの」まであります。

この「Python」で動くものには、「TensorFlow」「Keras」「Chainer」「Colaboratory」などがあります。

ただし、うまく動かすには、「ANACONDA NAVIGATOR」などで「仮想環境」を作る必要がありますが、本書では扱いません。

*

プログラミングを使わずに"クリックだけでできる"ソフトには、「Weka」、そして、その「Weka」の視覚的なフォローを前提に作られた「Rapid Miner」や、Sonyが提供している「NNC・NNCC」などがあります。

そして、「画像」(「Image J」など)、「音声」(「Wavesurfer」など)、「文書」(「Mecab」「Cabocha」「TTM」など)の補助的なソフトを組み合わせれば、実用的に応用できるものもあります。

これらのソフトは、単独でも、「初心者」から「研究開発」レベルの研究論文にも応用できます。

そういう視点で見ても、かなり高度なことまでできる、非常に高い性能があります。

■参考文献

1) 山口達輝・松田洋之,『機械学習&ディープラーニングのしくみと技術がしっかりわかる教科書』, アイデミー, 2019.9.14.

2) FRANÇOIS CHOLLET (巣籠悠輔 監訳),『PythonとKerasによるディープラーニング』, マイナビ,2018.10.25 (第4刷)

3) 涌井良幸・涌井貞美,『ディープラーニングがわかる数学入門』, 技術評論社, 2017.4.10.

第2章

プログラミング不要な「機械学習」「AI」ソフトをトライ

「機械学習」「AI」のソフトには、有償と無償（フリーソフト）がありますが、ここでは無償のソフトの中でも、「機械学習」「AI」のアルゴリズム（手法）の多くを実装していて、プログラミングが不要な「Weka（ウェカー）」を紹介します。

2-1 まずは使ってみよう

「機械学習」「AI」のソフトで、無償で安全・安心なものはけっこうあります。

その中でも、「学生」「大学院生」「技術者」や、論文を作成し先端的な研究を行なう「研究者」、マーケティングなどの分野で活躍する「実務者」にも高い評価を受けて使われている、「Weka」(ウェカー)を紹介します。

■マウスだけでできる「機械学習」「AI」のソフト

これから紹介する「Weka」は、"マウスでクリックするだけ"で「機械学習」「AI」を使うことができます。

しかも、その「アルゴリズム」(手法)は、現在の機械学習のほとんどのアルゴリズムを実装している点で、非常に高い機能性と、幅広い手法の種類をもっています。

また、世界的な使用状況では、Excelを超える使用率を誇る「Rapidminer」(ラピッドマイナー)は、もともと「Weka」の性能に目を付け、視覚的な機能に特化したものです。

「Weka」は無償であり、DMなどの広告メールは一切来ないという点で、煩わしさがない、安心で安全な無償ソフトです。

●Weka

「Weka」(Waikato Environment for Knowledge Analysis)は1999年にニュージーランドのワイカト大学が世界に公開した「GNU」(一般公衆利用許諾書:General Public License)でライセンスされている「Open Source Software」(フリーソフト)です。

世界中の、大学だけでなく多くの企業などでも利用されている、「機械学習」「AI」のソフトです。

2020年8月末時点での最新版は「3.8.4」の「Stable version」(安定版)と「3.9.4」の「Developer version」(開発者用版)があります。

また、「Weka」には標準的な「機械学習タスク用のツール」が多く組み込まれており、さらに「scikit-learn」「R」、深層学習の「Deeplearning4j」などの有名な「ツール・ボックス」へのアクセスが提供されています。

サイトの冒頭に「Machine Learning without Programming」と記載されているように、「Weka」はプログラミングが不要なツールです。

本書での“「機械学習」「AI」のはなし”を進める上で、「Weka」を使う場合は、安定版の「3.8.4」を使います。

図2-1　「機械学習」「AI」の無償ソフト「Weka」

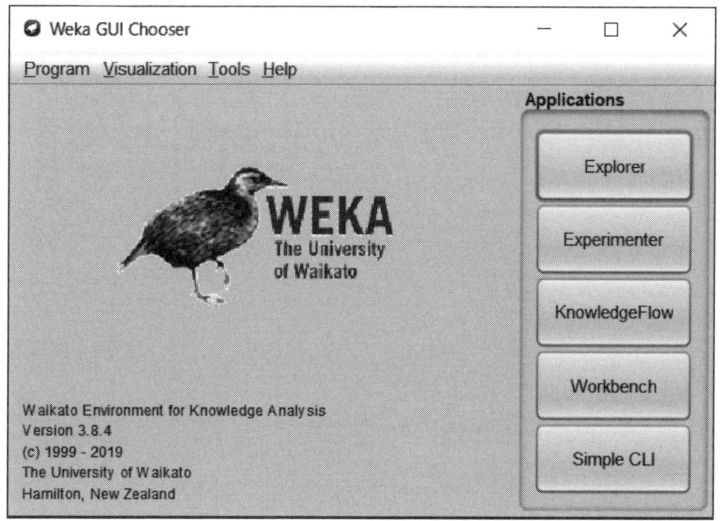

図2-2　「Weka 3.8.4」の「GUI」
（グラフィック・ユーザー・インターフェイス）

■「ダウンロード」と「インストール」

「Weka」のダウンロードとインストールは、次のサイトからできます。

https://www.cs.waikato.ac.nz/ml/weka/

また、詳細な情報は、末尾の参考文献をご覧ください。

> ※インストールの際、うまく起動できない場合は、一度「Java」を削除してから「Weka」をもう一度インストールします。
> その途中で、「Java」をインストールするのかを聞いてくるので、「はい」にして進めれば「Weka」をインストールできます。

■機能の拡張

図2-2の「Weka GUI Chooser」に「Tools」タブがあります。

メニューから「Package Maneger」をクリックすると、**図2-3**の「パッケージ・マネージャ」が出てきます。

パッケージを選んで「Install」ボタンを押せば、機能の拡張ができます。

パッケージによってはインストールできないものもありますが、それでもかなり機能を拡張することができます。

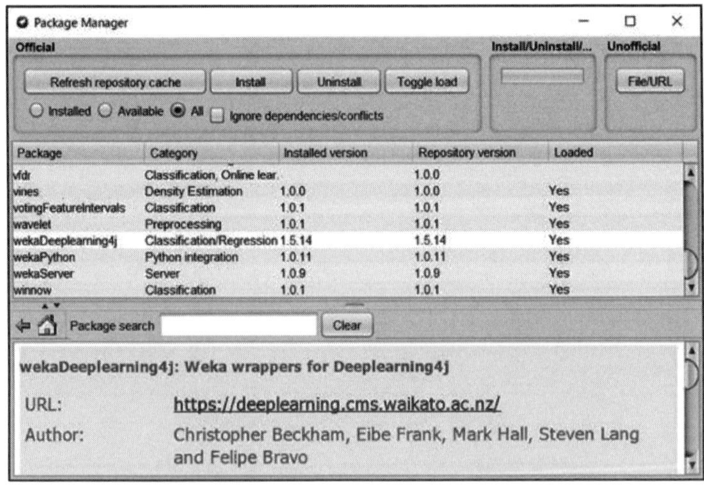

図2-3 「Weka 3.8.4」の「パッケージ・マネージャ」

一通りインストールができたら、一度、「Weka」を閉じます。

再度「Weka」を立ち上げたら、「Explorer」ボタンをクリックします。

他にもさまざまな機能をもつボタンがありますが、初心者の方は、最初は「Weka」の主たるインターフェイスである「Explorer」がよいでしょう。

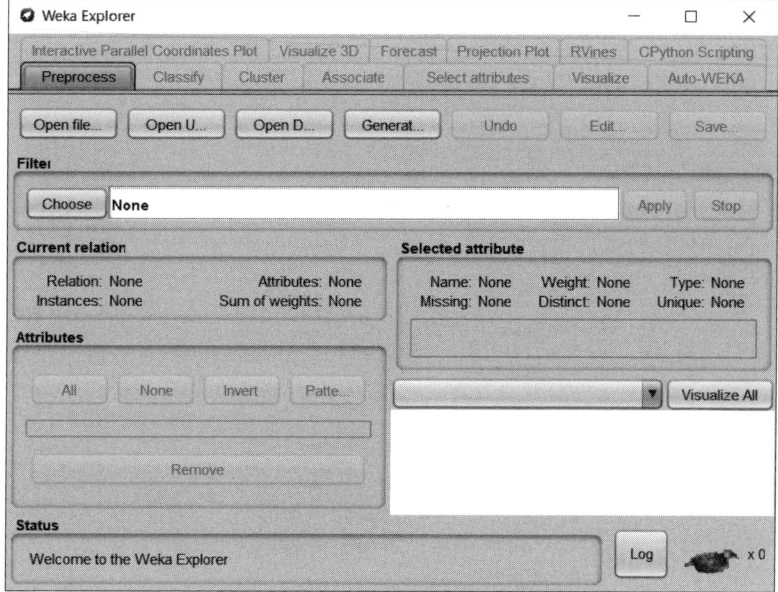

図2-4　「Weka」の「Explorer」

■使ってみよう

図2-5の「Open file」でデータを読み込みます。

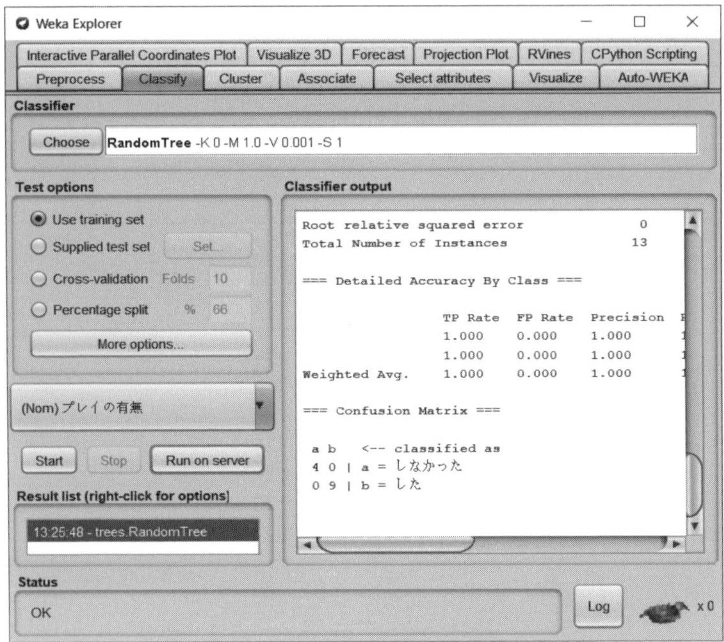

図2-5 「Weka」の「Explorer」で計算をした画面

手 順

[1] 開く際には、ファイルのタイプが「Arff data files」になっていますが、データをExcelで作って、「名前を付けて保存」の際に、ファイルの種類を「CSV」(コンマ区切り)で保存します。

[2] そのデータファイルを読み込みます。

「Weka」で読み込む際も、ファイルの種類は「CSV data files」です。

「CSV」とは「comma separated value」の略で、コンマで区切られたデータ形式のことです(「Arff」は次章で解説します)。

[3] データを読み込んだら、「Classifyタブ」(Wekaでは「パネル」と呼びます)を選びます。

[4] その画面の「Test options」の枠の中の「More options」ボタンをクリックし、「Output predictioins」の「Choose」ボタンから「Plain Text」を選び、「OK」ボタンです。

[5] 次に、「ラジオボタン」の「Use training set」にチェックを入れます。

[6] あとは、「Classifier」の枠の中の「Choose」で好きな手法を選びます。
最初のうちは、いろいろ試してみてください。

[7] 最後に、「Start」ボタンを押します。
ここでは「trees」(決定木)の「Random tree」を使いました。
図2-5の左下部分(実際は青く表示される)を右クリックして「Visualize tree」をクリックすると視覚化することができます。

データは、インストール時に入るファイルから、

Program Files → Weka3.8.4 → data → weather.numrical.arff

を使っています(もとは英文)。

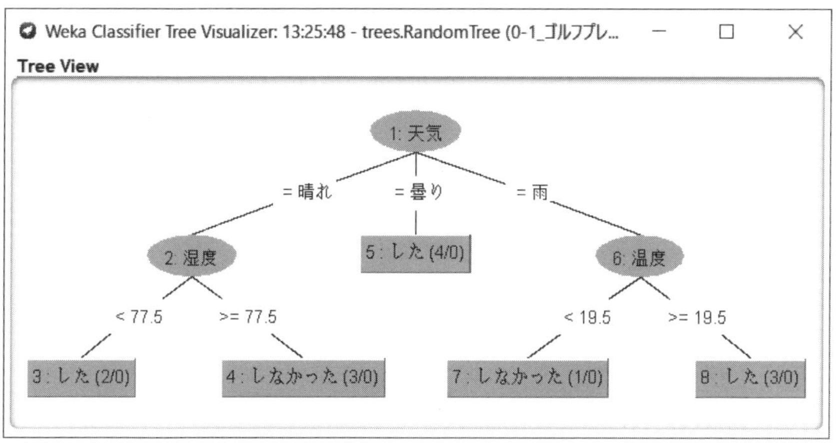

図2-6 決定木を視覚化した画面

詳細な解説は参考文献をご覧ください。

●「日本語データ」を読み込めるようにする

「Weka」は基本的に半角英数データを使いますが、日本語データでも読み込めます。

その際は、「メモ帳」を右クリックして「管理者権限(管理者として実行)」で開きます。

次に、「Cドライブ」の「Program Files」の中の「すべてのファイル」から、「Weka3.8.4」の中にある「RunWeka.ini」を今開いたメモ帳で開き、**図2-8**のように「日本語コード」を付け加えます。

「Cp1252」の部分は「#」記号で「コメント行」化します。

「メモ帳」で上書きすれば日本語データを読めますが、最初は英文データのままでもよいです。

図2-7 「Windowアクセサリ」から「メモ帳」を「管理者として実行」するまでの画面

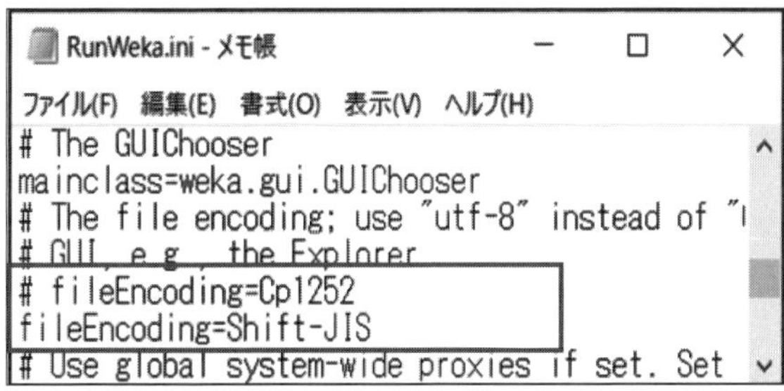

図2-8　メモ帳で「Weka」に日本語データを読み込む設定

「Weka」のデータ読み込みの初期設定は、「Cp1252」になっていますが、これは、Windowsの英語版や、他のいくつかの西欧言語版にある、「ラテン文字」の文字コードのことです。

＊

余談ですが、「Shift-JIS」は日本語を含む文字列を記述するための文字コードです。

これは、米国の南カリフォルニア大学の「ISI」(Information Sciences Institute)にある、インターネットに関連する番号を管理する組織「IANA」(Internet Assigned Numbers Authority：インターネット割当番号公社)での登録名です。

「日本語データ版」に変えることで、「Excel」の「csv形式」にしたデータは、変数名などが日本語であっても**図2-6**のように「解析結果」に日本語が反映されます。

※大学院や、研究者が学会に論文投稿する際のツールとして使うのであれば、英語データを使うシーンは意外と多いので、特に変更しなくてもかまいません。
　しかし、日本語の「Shift-JIS」に変更した後でも、英語入りのデータファイルはそのまま英語で出力されるので、両方が使える「Shift-JIS」はけっこう便利です。

■参考文献

1) 和田尚之, 『機械学習コレクション Weka入門』, 工学社, 2019.8.23.

2) 松尾 豊, 『超AI入門』, NHK出版, 2019.2.25.

第3章

機械学習による「数値処理」と「文字データ処理」

　前章で紹介したソフトの「機械学習タスクツール」の主なものと、機械学習による「数値・文字データ処理」の一例を紹介します。
　また、解析結果を、視覚的な機能によって、理解しやすくする機能も一部紹介します。

3-1 機械学習タスク用ツール

「機械学習」「AI」を実際に解く手法に「アルゴリズム」(Algorithm)という用語が出てきます。

「国立情報学研究所」(NII;National Institute of Informatics)では、"コンピュータで計算を行なうときの「計算方法」"としています。
本書では、単に「アルゴリズム」、あるいは「手法」として記述しています。

また、このアルゴリズム以外に「タスク」(task)という用語も頻繁に見られます。

本章では、主な「機械学習タスク用ツール」の他、「機械学習」「AI」で著しい進歩を遂げた「画像認識」「音声認識」「自然言語処理」の説明に入ります。
しかし、その前に、最も基本となる「数値・文字データ処理」について概説します。

■実装されている「機械学習タスク用ツール」

「機械学習」タスクの「タスク」(task)とは、どのようなものなのでしょうか。

「タスク」は、「仕事」とか「任務」などの意味をもっていますが、"コンピュータが処理する仕事(対象)"くらいの意味で考えておきましょう。

この機械学習は、コンピュータによって人工的に学習させるものですが、2012年のグーグルの画像認識の研究成果によって、「ニューラル・ネットワーク」(NN;Neural Network, 以下NN)を基本にしたAI研究と同様に、データを学習させる上でなくてはならない存在になっています。

前章で紹介した機械学習用のソフトには、この「機械学習用タスク」のツールが多く組み込まれています。

「AI」の基本モデルである「NN」の「**MLP**」(Multi Layer Perceptron:多層パーセプトロン)や、「ディープ・ラーニング」(DL:Deep Learning, 深層学習)ではすでに著名な深層学習用のツールである「**Dl4J**」(Deep Learning for

Java)、それに「NN」の一種である「Bayesian Network」や「入力層」と「出力層」(競合層)の2層の「コホーネン・マップ」(自己組織化マップ)、「SVM」「k-NN」「アンサンブル機械学習」なども実装されています。

■「Explorer」を使う

本書で使っている「機械学習用ソフト」には、主たるインターフェイスである「Explorer」の他に、手法の比較実験が可能な「Experimenter」、計算の過程を全体のフローで捉える「KnowledgeFlow」、「Explorer」と似た機能の「Workbench」、それに「コマンドライン・インターフェイス」の「Simple CLI」の5つがあります。

＊

初めのうちは「Explorer」で慣れていくのがよいと思います。

図3-1が「Classifyパネル」(識別するための手法のタスク用ツール)です。

それぞれのフォルダには、かなり多くのツール(アルゴリズム：手法)が入っています。

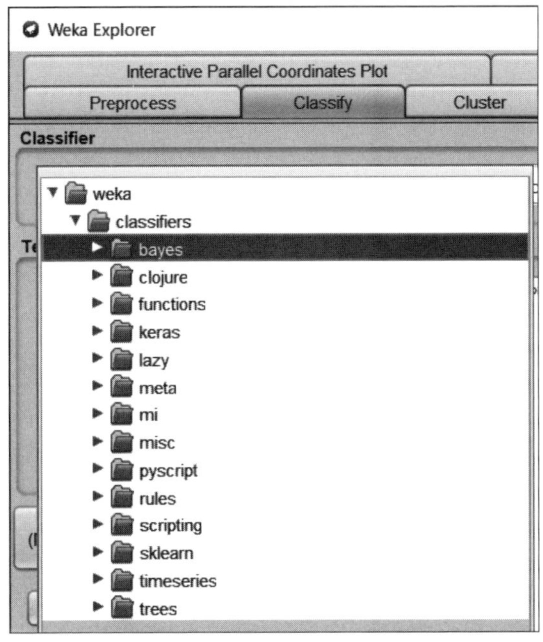

図3-1　Wekaのタスク用ツール

■「数値・文字データ処理」の一例

実際にデータを使って一例を紹介しましょう。

図3-2は「Weka」をインストールした際に、一緒に入ってくる「dataフォルダ」の中にある「weather.numerical.arff」です。

「Arff」は「Attribute relation file format」の略で、「csvデータ」のヘッド部にデータ属性を付けたものです。

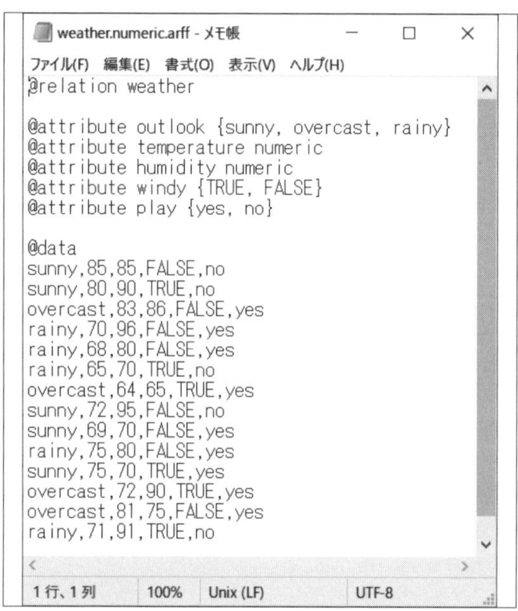

図3-2 「Weka」の「Arff」データ

先の図では、メモ帳で開いています。

図3-3はデータの温度を「華氏」から「摂氏」へ直してExcelで作成し、「csv形式」で保存したものです。

図3-2の下から2番目の「overcast(曇り), 81(華氏), 75(湿度), FALSE(風なし), yes(プレイをした)」の(ゴルフを)プレイしたのかどうかを、**図3-3**のように予測したい所にExcel上で「?」マークを付けて予測を実行しました。

この「?」印をつけることで、「機械学習」「AI」の「予測・評価」を行なうことができます。

	A	B	C	D	E
1	outlook	temperatu	humidity	windy	play
2	sunny	29	85	FALSE	no
3	sunny	26	90	TRUE	no
4	overcast	28	86	FALSE	yes
5	rainy	21	96	FALSE	yes
6	rainy	21	80	FALSE	yes
7	rainy	18	70	TRUE	no
8	overcast	17	65	TRUE	yes
9	sunny	22	95	FALSE	no
10	sunny	20	70	FALSE	yes
11	rainy	23	80	FALSE	yes
12	sunny	23	70	TRUE	yes
13	overcast	22	90	TRUE	yes
14	overcast	27	75	FALSE	?

図3-3　「Excel」で「csvデータ」を作成

図3-4は、予測計算を「MLP」(多層パーセプトロン)で行なったものです。(ネットワーク図などの作成方法は、**参考文献1**をご覧ください。)

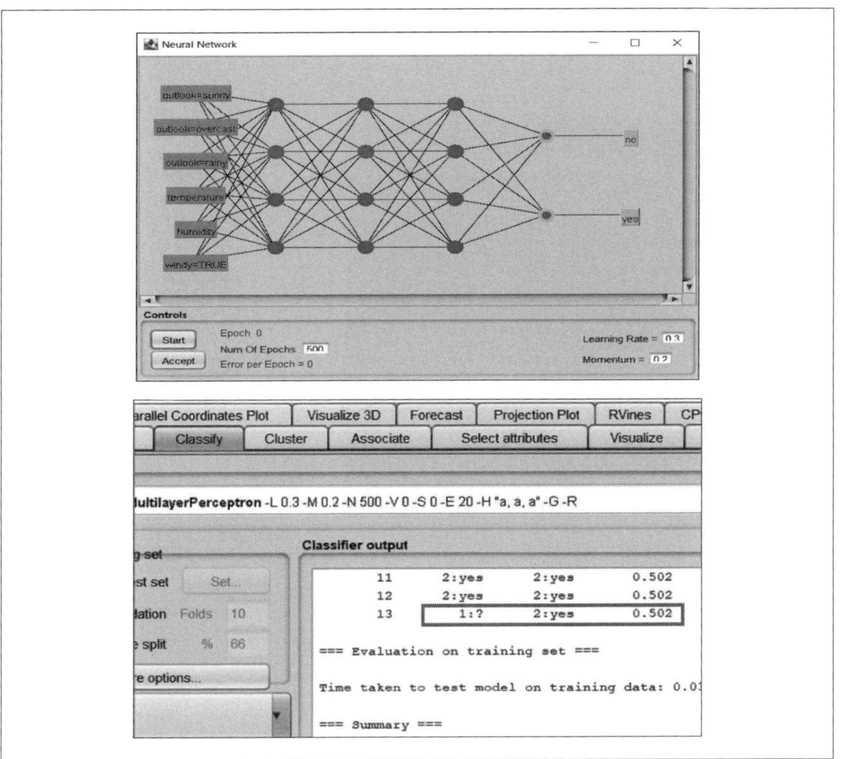

図3-4　MLP3層で予測計算

予測結果は図3-2の「yes」と同じになりました。

ここでの例では「数値・文字データ」が混在している中で、「文字データ」の結果予測を行なわせてみました。

このように、「Weka」はExcelでデータを作り、「csvデータ」にして読み込めば、あとはクリックだけで「機械学習」「AI」を実行することができます。

操作はかなり簡単です。

■ 視覚的に計算結果の理解を助ける機能

このソフトにはさまざまな「視覚化」の機能も付いています。

日本語データを読み込めるように設定すれば、英語ベースのデータも日本語データも読めるようになります。

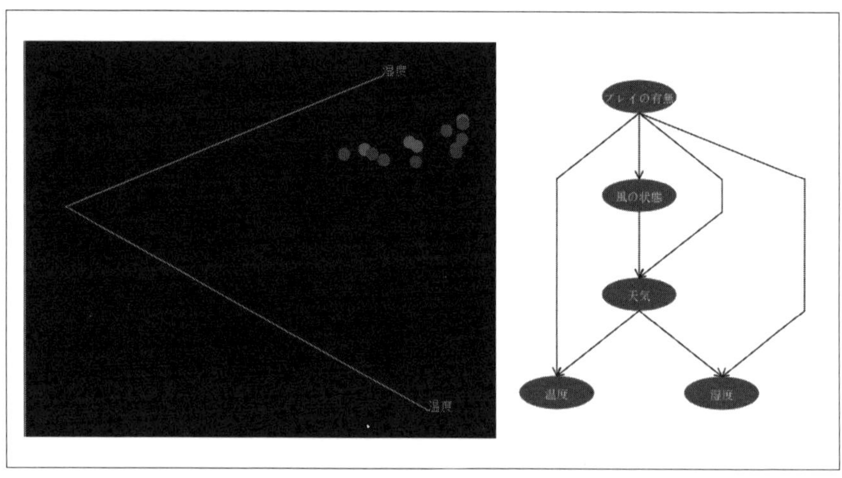

図3-5 さまざまな視覚化機能(ProjectionPlotから)

まずは、「習うより慣れろ」の言葉通り、いろいろ試してみると「機械学習」「AI」を身近に感じられるようになるのではないでしょうか。

■ 参考文献

1) 和田尚之，『機械学習コレクションWeka入門』，工学社，2019.8.23.

2) 池内孝啓他，『Pythonユーザーのための Jupyter実践入門』，技術評論社，2018.1.24.

3) SEBASTIAN RASCHKA/VAHID MIRJALILI，『Python 機械学習プログラミング』，㈱クイープ・福島真太朗監訳，インプレス，2018.3.21.

4) 大関真之，『機械学習入門』，オーム社，2018.3.25（第1版第5刷）

5) 足立 悠，『初めてのTensorFlow』，リックテレコム，2017.11.6.

6) 小高知宏，『PYTHONによる数値計算とシミュレーション』，オーム社，2018.1.25.

7) 石川聡彦，『人工知能プログラミングのための数学がわかる本』，KADOKAWA,2018.2.24.

8) CSABA SZEPESVÁRI（小山田創哲訳者代表），『速習強化学習』，共立出版，2017.10.20.

9) 涌井良幸・涌井貞美，『ディープラーニングがわかる数学入門』，技術評論社，2017.4.10.

10) 立石賢吾，『機械学習を理解するための数学のきほん』，マイナビ，2017.10.20.

11) 武藤佳恭，『Iotデバイス設計・実装』，オーム社，2015.9.5.

12) 山口達輝・松田洋之，『機械学習＆ディープラーニングのしくみと技術がしっかりわかる教科書』，アイデミー，2019.9.14.

13) 長橋賢吾，『機械学習の基本と仕組み』，秀和システム，2019.9.25.

第4章

画像処理

「機械学習」「AI」の対象は、主に数値や文字データの処理以外に、「画像処理」「音声処理」「言語処理」などがあげられます。

特に「画像処理」は「ディープ・ラーニング」（深層学習）という領域を築き上げたきっかけともなったもので、「機械学習」「AI」を学んでいく上では避けて通れません。

また、この「処理」という用語の他に、「画像認識」のように「認識」という用語も頻繁に目にします。

ただし、本書ではその違いは適宜解説することにして、全体に「処理」を使っていきます。

4-1　画像を処理する方法①

■ 画像処理に影響を与えた「ImageNet」

画像を処理する方法は、2012年の「ImageNet」(イメージネット)による「大規模画像認識」の国際コンペティション「ILSVRC」(ImageNet Large Scale Visual Recognition Challenge)でトロント大学(カナダ)のヒルトン教授らのグループが、8層の「畳み込みニューラル・ネットワーク」である「CNN」(Convolutional Neural Network：以下CNN)で世界中に大きな衝撃を与えたことによって、「ディープ・ラーニング」の急激な成長へと大きな影響を与えました。

＊

当時すでに「画像処理」の研究は行なわれていましたが、現在では「画像処理」と言えば「CNN」は欠かせない存在になってきています。

「ImageNet」のコンペは現在も行なわれていますが、そのメインのサイトが**図4-1**です。

IMAGENET

14,197,122 images, 21841 synsets indexed

Explore Download Challenges Publications Updates About

Not logged in. Login | Signup

ImageNet is an image database organized according to the WordNet hierarchy (currently only the nouns), in which each node of the hierarchy is depicted by hundreds and thousands of images. Currently we have an average of over five hundred images per node. We hope ImageNet will become a useful resource for researchers, educators, students and all of you who share our passion for pictures.
Click here to learn more about ImageNet, Click here to join the ImageNet mailing list.

What do these images have in common? *Find out!*

Research updates on improving ImageNet data

© 2016 Stanford Vision Lab, Stanford University, Princeton University support@image-net.org Copyright infringement

図4-1　IMAGENET

この2012年を契機に、「画像処理」の高い精度から「ディープ・ラーニング」が「AI」の中核を担うようになりました。

さらに「再帰型ニューラル・ネットワークRNN」(Recurrent Neural Network：以下「RNN」)で重要な役割を果たす「ReLU関数」(または「Ramp関数」)などの発展などにも影響を与えていきます。

※「ReLU関数」は2011年にグザヴィエ・グロロット(Xavier Glorot)らによって「中間層」(隠れ層)の「活性化関数」として提案されています。

■DL、CNN、転移学習、GAN

こうした画像を処理する方法を学んでいく上で、「ディープ・ラーニング」(Deep Learning：以下「DL」)、そして「画像処理」で最も多く利用されている「畳み込みニューラル・ネットワーク」(CNN)は非常に重要な位置を担っています。

他に、**「転移学習」**(Transfer Learning：以下「TL」)、**敵対的生成ネットワーク「GAN」**(Generative Adversarial Network：以下「GAN」)は概念だけでも理解しておくことが望ましいキーワードです。

*

「CNN」は「DL」が「入力層」「中間層」(隠れ層)「出力層」という構成になっているのに対して、「中間層」の部分に、「畳み込み層」(Convolution層)と「プーリング層」(Pooling層)が組み込まれている構造です。

その歴史は1989年、ヤン・ルカン(Yann LeCun)らが手書き文字を分類するために提唱した「Handwritten Digit Recognition with a Back-Propagation Network」の手法にはじまります。

図4-2は「CNN」の各層の構成イメージです。

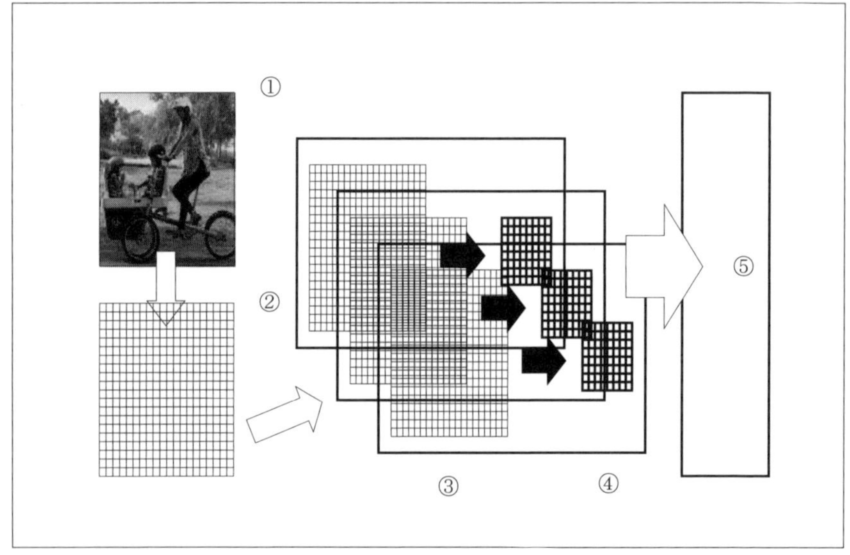

図4-2　CNN

①は元の画像、②は分割された画像の入力層、③は畳み込み層、④はプーリング層、⑤は出力層です。

詳説は多くの参考書に出ているため割愛します。

本書では全体のイメージの流れを描くだけです。

＊

「CNN」が行なっているのは、もとの画像から顕著な「**特徴量**」(salient feature)を抽出することです。

図4-2の「**CNN**」のプロセスを見ると、なんとなく分かるのではないかと思います。

画像から「低い次元での特徴量」を層ごとに組み合わせて「高い次元での特徴量」を形成しようというものです。

これによって対象の画像の「特徴マップ」(feature map)を抽出することで、画像の識別能力を向上させようというのが「CNN」と言えます。

＊

「転移学習」(TL)は、こうしたCNNの普及に伴って、「学習データ」の量が膨大になっていくことから、自前で「学習データ」を作るのではなく、すでに学習済みの機械学習のモデルを利用します。

行ないたい「テストデータ」だけで学習させようという考え方です。

*

こうした「データ・セット」が準備されているものに、「イメージネット」というものがあります。

代表的なものはオックスフォード大学の「Visual Geometry Group」(VGG)などです。

「転移学習」については、本書では解説を割愛しますが、「マルコフ確率過程」を基本とした「強化学習」(Reinforcement Learning)、それに「教師あり学習」「教師なし学習」と並んで、現在では重要な「機械学習」の領域を構成しています。

*

「画像処理」(認識)が広く普及し、「AI」に対するニーズは、学習した「画像データ」をもとに新しく画像を生み出す(生成する)という領域を築きはじめています。

「画像生成」と言います。

*

また、ここでは触れませんが、「GAN」というものがあります。

これは「CNN」で複数層から特徴を抽出し、「潜在変数」という位置付けを与えて「符号」を付ける「エンコーダ」と、それらの結果を復元する「デコーダ」(Decoder)によって形成されています。

■画像を処理するための2つの方法

初心者の方がいきなり「画像処理」にトライするにはかなり荷が重く、多くの既往図書などでも「分かるような、分からないような……」となることが多いのではないでしょうか。

ここでは、「そうは言ってもなんとかトライしたい」という方のために、以降では2つのアプローチを紹介します。

(A)「Weka」の「Dl4j」を使う方法と、(B)フリーソフトの「ImageJ」を使う方法です。

(B)は、厳密には「スペクトル解析」という「フーリエ変換」を使う方法です。

これは、まずは使ってみるという視点であれば、簡単に使えます(詳しい解説は本章の「**第3節**」で行ないます)

＊

次の項で、「機械学習」「AI」のソフトである「Weka」の「Dl4J」を使う方法(**A**)について概説します。

■ディープ・ラーニング(Dl4J)

これ以降は、「機械学習」「AI」でも知っておいたほうがよいと思われる用語がかなり出てきます。

そのため、「初心者のため」と題しているのに難しすぎるのではないか、と思う方も多いと思いますが、ご辛抱ください。

＊

図4-3の上図は、「Weka」に実装されている「深層学習用ツール」の「Dl4J」で、下図は「Dl4J」を使って画像の「jpgデータ」から計算させたものです。

具体的な使い方は次節で説明しますが、データは「jpg形式」の画像写真を使います。

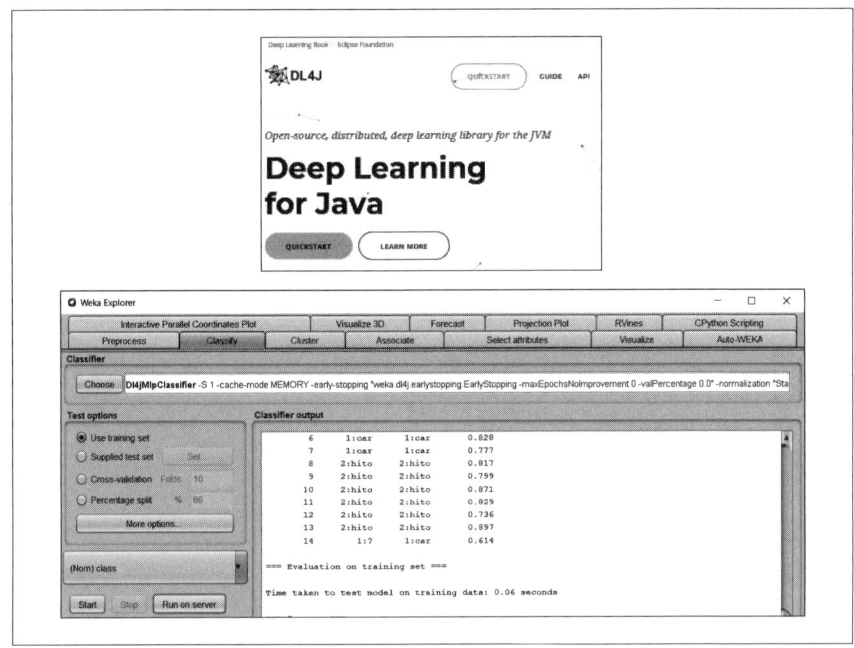

図4-3 「Dl4J」(Deep Learning for JAVA)

■ 参考文献

1) Sebastian Raschka/Vahid Mirjalili (福島 真太朗 監訳) ,『Python機械学習プログラミング』, インプレス ,2018.3.21.

2) CSAVA SZEPESVÁRI (小山田 創哲 訳者代表・編集),『速習強化学習 - 基礎理論とアルゴリズム』, 共立出版, 2017.10.20. (初版第2刷)

3) François Chollet (巣籠悠輔 監訳) ,『Python と Keras によるディープラーニング』, マイナビ ,2018.10.25 (第4刷)

4) 中山英樹, 「画像解析関連コンペティションの潮流」, 『電子情報通信学会誌』Vol.100 No.5, pp373-380, 2017年5月.

4-2　画像を処理する方法②

■「DI4J」(Deep Learning for Java)の「CNN」

画像データは「jpg形式」のデータを使います。
他にも、画像データには「png形式」などのものもあります。

最初に、「ローカルディスク(C:)」のフォルダの中に、「WekaImages」という新しいフォルダを作り、その中に画像写真を入れます。
本書の写真はWeb上の無料写真素材から選んでいるので、読者の方も適宜無料素材から選んでみてください。

なお、写真の画素数は携帯やスマホの「待ち受け画面」程度の「100～200KB」くらいのものが望ましいです。
画素数の大きなファイルが増えるほど、自前のパソコンでは動かなくなるので要注意。

「100～200KB」程度の画素数でも、写った人物をかなり識別できます。

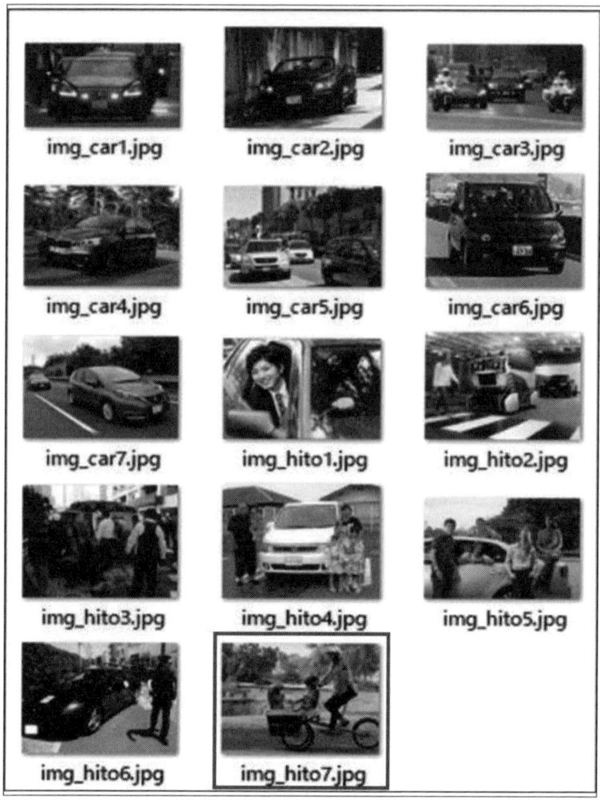

図4-4 「jpg形式」の画像データ

「ファイル名」は「半角英数」で名前を付けますが、名称は自由に設定してかまいません。

次に、**図4-4**をもとに、**図4-5**のように「メモ帳」で画像写真データを作ります。

「メモ帳」の保存の際は、「txt形式」ではなく、(file名はgazou_arff_files_ファイル名.arff)というように、拡張子に「arff」を付けて保存します。

保存先は、先の「WekaImagesフォルダ」の中でも「ドキュメント」でもかまいません。

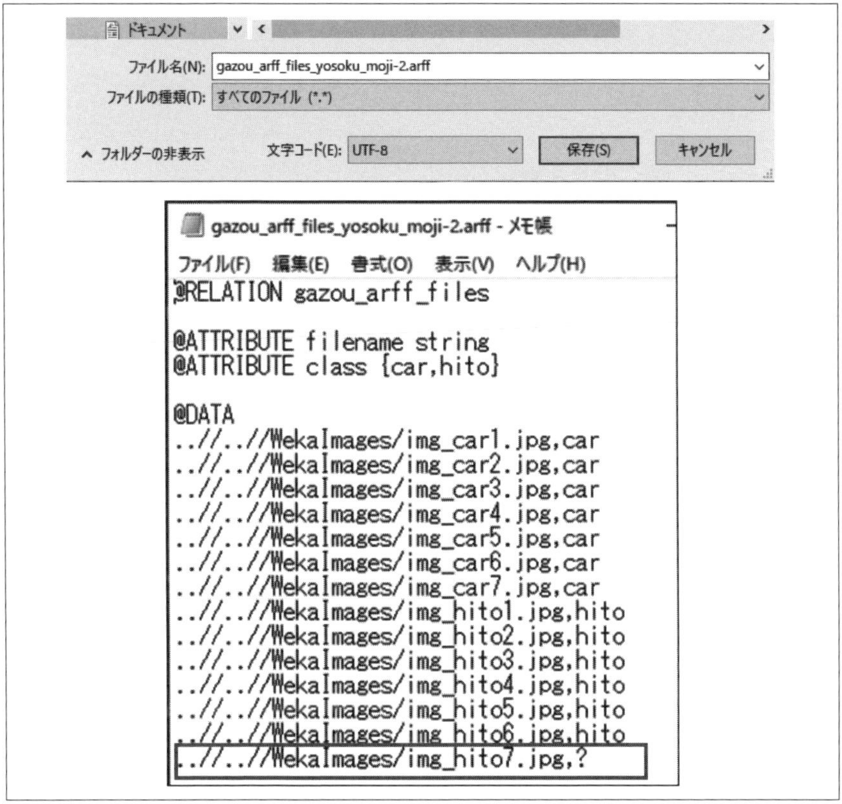

ドキュメント
ファイル名(N): gazou_arff_files_yosoku_moji-2.arff
ファイルの種類(T): すべてのファイル (*.*)
フォルダーの非表示
文字コード(E): UTF-8
保存(S)
キャンセル
gazou_arff_files_yosoku_moji-2.arff - メモ帳
ファイル(F) 編集(E) 書式(O) 表示(V) ヘルプ(H)
@RELATION gazou_arff_files
@ATTRIBUTE filename string
@ATTRIBUTE class {car,hito}
@DATA
..//..//WekaImages/img_car1.jpg,car
..//..//WekaImages/img_car2.jpg,car
..//..//WekaImages/img_car3.jpg,car
..//..//WekaImages/img_car4.jpg,car
..//..//WekaImages/img_car5.jpg,car
..//..//WekaImages/img_car6.jpg,car
..//..//WekaImages/img_car7.jpg,car
..//..//WekaImages/img_hito1.jpg,hito
..//..//WekaImages/img_hito2.jpg,hito
..//..//WekaImages/img_hito3.jpg,hito
..//..//WekaImages/img_hito4.jpg,hito
..//..//WekaImages/img_hito5.jpg,hito
..//..//WekaImages/img_hito6.jpg,hito
..//..//WekaImages/img_hito7.jpg,?

図4-5 「メモ帳」で「arff形式」の「画像データ」を作成

図4-5の囲み線が「予測」部分です。

次に「機械学習」「AI」ソフトの「Weka」を立ち上げます。
「Classifyパネル」の「functions」の中の「Dl4JmlpClassifier」を選びます。
「More Options」は「Plain text」です。

Weka Explorer
Interactive Parallel Coordinates Plot
Visualize 3D
Forecast
Projection Plot
Preprocess
Classify
Cluster
Associate
Select attributes
Classifier
Choose
Dl4jMlpClassifier -S 1 -cache-mode MEMORY -early-stopping "weka.dl4j.earlystoppi
Test options
Classifier output
Use training set
12 2:hito 2:hito

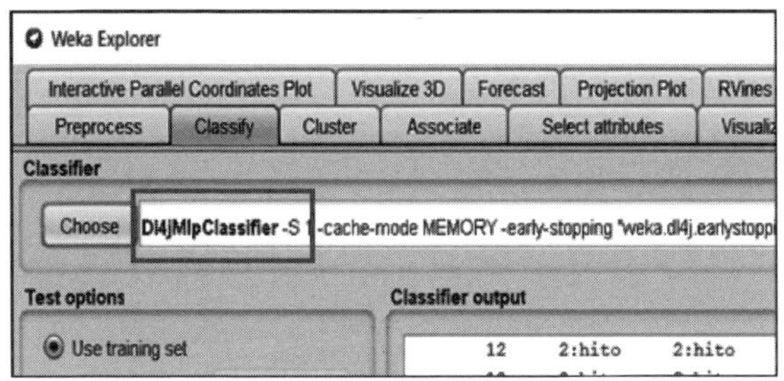

図4-6 「Weka」の「Dl4J」

■「データ」を「arff形式」で作ったものから「画像処理」

「Use training set」にチェックを入れたら、**図4-6**の囲み線の「手法名」上で左クリックします。

そうすると、**図**のような画面が出てきます。

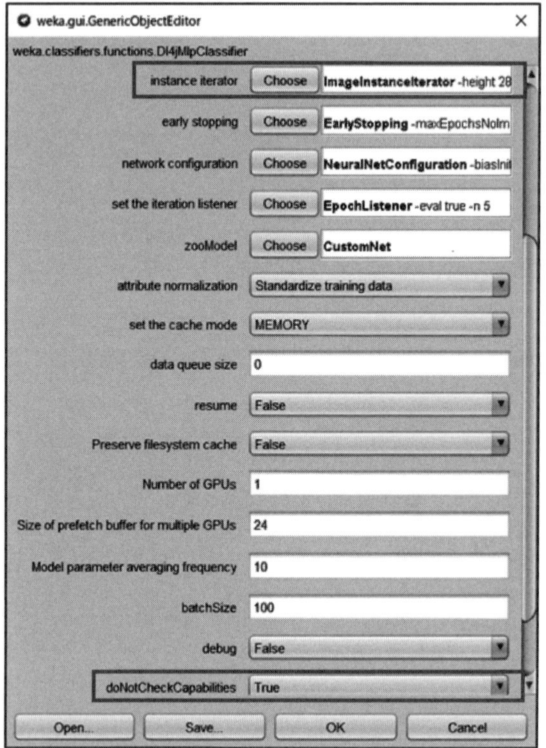

図4-7 「Weka.gui.GenericObjectEditor」の画面

「instance iterator」の「Choose」ボタンから「ImageInstanceIterator」を選び、「doNotCheckCapabilities」を「true」にして「OK」ボタンを押します。

あとは「Weka Explorer」の画面に戻るので、「Start」ボタンを押して終わりです。

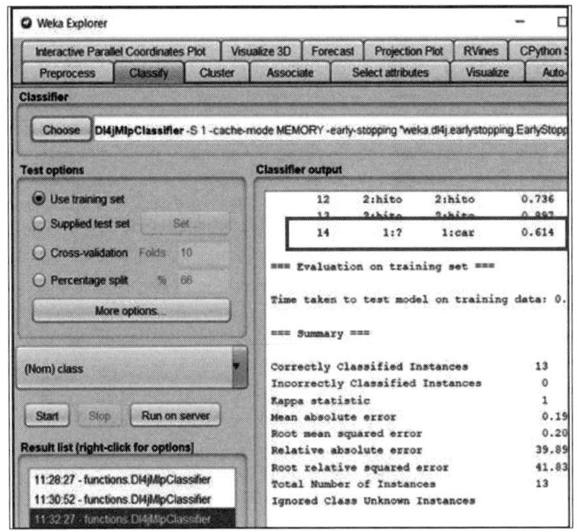

図4-8 「画像処理」の結果

結果は「car（車）」として認識されました。

＊

余談ですが、前のバージョンの「Weka3.8.3」のときは、「hito」として計算されました。

この例題はかなり興味深いのですが、まず「学習データ」の画像写真はたったの13枚だけと非常に少ないです。

画像の枚数が多くなるほどデータを学習していくので、計算結果も安定的なものを出せるようになります。

＊

ここでの例題では、「初心者がすぐに画像処理を行なえる」という視点からだけでなく、意図的にデータ数が少なく、簡単に集められるものを使って計算を行なわせました。

また、使った画像は「100～200KB」という解像度の低いものです。

＊

計算結果がなぜ前バージョンと異なるのかを探るために、「Google Colaboratory」（Pythonでソースコードを作っています）による物体検出の例を掲載します。

図4-9は同じ画像データを物体検出させたものです。

「Python」のプログラム(ソースコード)を使っているため、本書が設定している「初心者」のレベルを超えますが、想定されるように自転車部分が大きいのが分かります。

そのため「Weka」の「3.8.4」では「オープンカー」や「オートバイ」などのように「車(car)」と結果が出たのだろうと思われます。

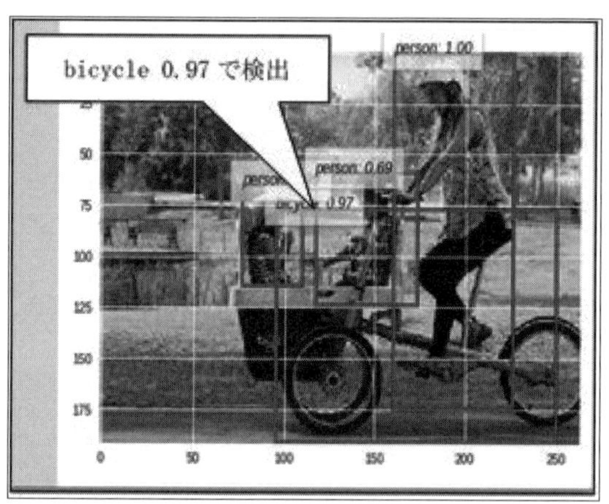

図4-9 「Google Colaboratory」による物体検出

次節では、画像処理のフリーソフトである「ImageJ」を紹介します。

「ImageJ」は、世界中の技術者や研究者なども使っているソフトで、広告などのDMが一切来ないため、安心かつ安全に使える画像用ソフトです。

> ※本章の「arff形式」は、筆者が講師を勤める「諏訪市「機械学習」「AI」セミナー」研修生で、東京から来ている「日本マルチメディア・イクイップメント」の大津亮也氏の提案によるものを採用しています。

4-3　画像処理ソフトの「ImageJ」を使う

画像処理を行なう方法は、現在では「DNN」や「CNN」を使うことがかなり多くなってきています。

「機械学習」「AI」をやってみたいという方は、この用語はよく見聞きするのではないでしょうか。

この節では、いよいよ画像処理を行なっていきたいという方のために、その具体的方法を解説していきます。

■画像データはどのように「ディープ・ラーニング」へ入るのか

画像データは、どのように「ニューラル・ネットワーク」に入っていくのでしょうか。

リンゴの画像を使って説明します。

＊

図4-10をご覧ください。

リンゴの画像には縦横に線が入ってメッシュになっています。

縦の列は7列で、横の行は6行です。

一つのメッシュを「1画素」(1pxcel)と言います。

このリンゴの画像は「6×7=42」なので、「42画素」の画像ということになります。

たとえば、現在はスマホでもデジタルカメラでも高い解像度を売りにしているのが当たり前になってきています。

「1000万画素」というのも珍しくありません。

＊

「画像処理」されるデータは、「1画素単位」ごとに**図4-10**の縦の列の「丸い球」で表わされた「入力層」(Input layer)に入ります。

この「丸い球」は、「**ノード**」(node)、「**ユニット**」(unit)、あるいは「**ニューロン**」(neuron)などと呼ばれています。

データは、一般的に「色の濃度」として数値化され、次の「中間層」(Hidden layer：あるいは「隠れ層」)にベクトルの内積として計算されて、「活性化関数」、「bias」によって変化しながら次から次へと数値が受け渡されていきます。

そして、最後に「出力層」(Output layer)によって、画像がリンゴであるのかミカンであるのかなどの学習データをもとに評価されて、「計算結果」として出力されます。

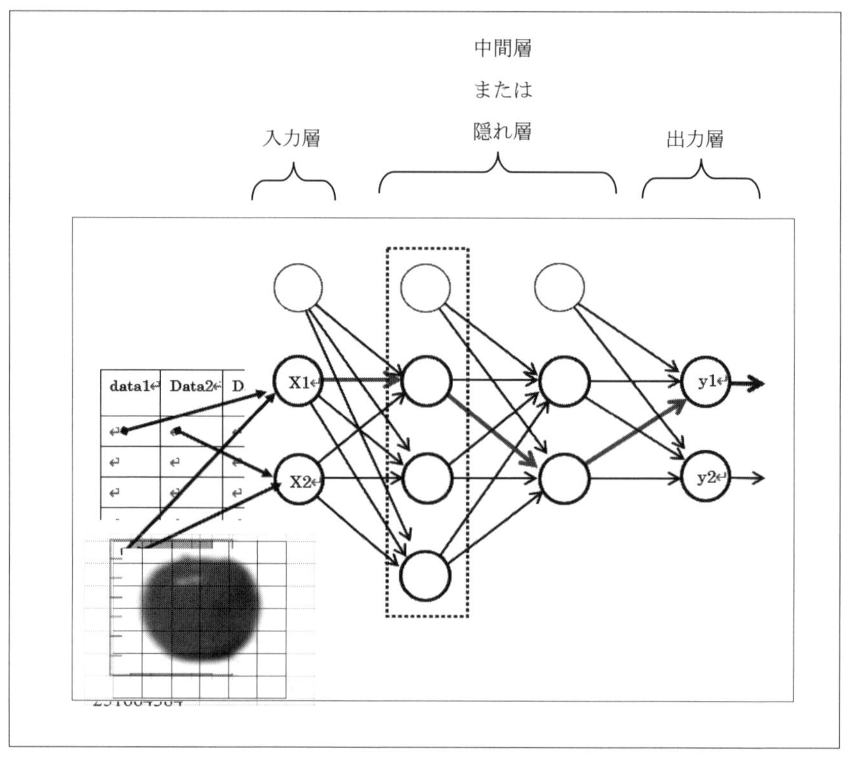

図4-10　「ニューラル・ネットワーク」へのデータの入り方

＊

図をよく見ると、42画素は入力層で42個のデータとして入っています。

たとえば、これが1000画素であったとすれば、「丸い球」が1000個必要になります。

1000万画素ともなるとデータが入る「球」が1000万個必要です。

つまり、「高解像度」になるほど、入力される「データ数」が膨大化していくことになります。

より高い解像度で画像処理をしたいと思うのは当然のことでしょう。

しかしながら、データ数が増えれば増えるほど、計算量は膨れあがります。

「計算がなかなか終わらない」とか「途中でエラーが出る」などは、こうした「容量・メモリ」に大きく影響しています。

このような「膨大化するデータ」(ビッグ・データ)を処理する方法としては、パソコンの性能を向上させることが考えられますが、非常に大きな「ビッグ・データ」だと、市販のパソコンでは計算できません。

そのために、大型コンピュータを使った「クラウド・コンピュータ」などの利用に依存する必要が出てきます。

こうした環境は無償ではなく、一定条件を超えると有償になりますし、まして個人で大型コンピュータを購入するというのは非現実的です。

本書の主旨は、あくまでも、"自前のPCで無償ソフトを使った「機械学習」「AI」を行なう"ことです。

＊

図4-11は、画像処理の練習を行なうときによく使われる「**CIFAR-10**」(サイファーテン)です。

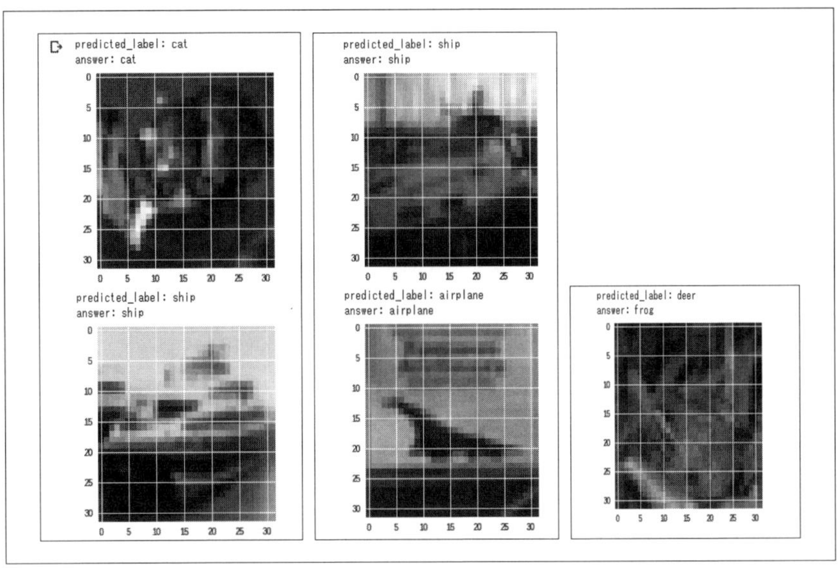

図4-11 「CIFER-10」を使った「画像処理」の一部

「CIFAR-10」は、世界に公開されている「データ・セット」で、「80 Million Tiny Images」という機械学習システムのトレーニングを目的として作られました。

「79,302,017枚」の画像データを10の「画像ジャンル」に分けて、より学習をしやすくしています。

PCの負荷をできるだけ小さくするために、1枚の画像は「32×32=1,024画素」で構成されています。

1000画素であっても、**図4-11**では、その対象が船であるのか、飛行機であるのか、ネコであるのかが、なんとなく分かる程度です。

＊

画像処理の最初の大きな壁は、この「画素数」をどう扱うかです。

データは、**図4-10**を見るとなんとなく分かりますが、□がメッシュとすると、順番に一つずつ入っていきます。

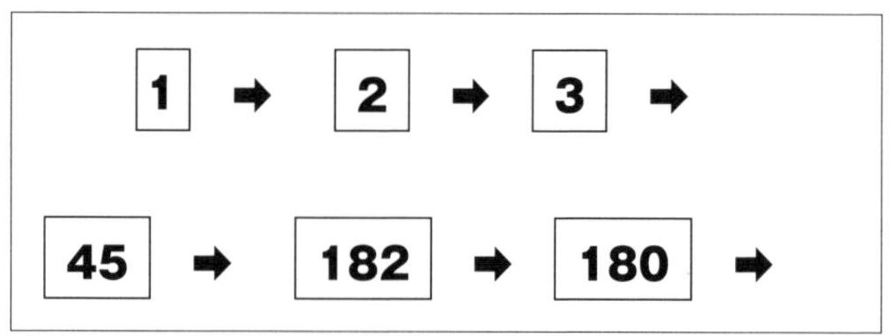

図4-12 「画像データ」が「入力層」に入っていく様子

図4-12の上部分は「メッシュの番号順」です。

下部分は、その「メッシュ」の中にある画像を「グレー・スケール」で考えた場合の「スケール値」です。

「グレー・スケール」は画像の濃度を「256」の段階に分けています。

■特徴を捉える方法

図4-13はWordに装備されている「RGB (Red-Green-Blue) カラー」の、色の設定画面です。

設定値は「0値＋255値＝256値」の256段階あります。

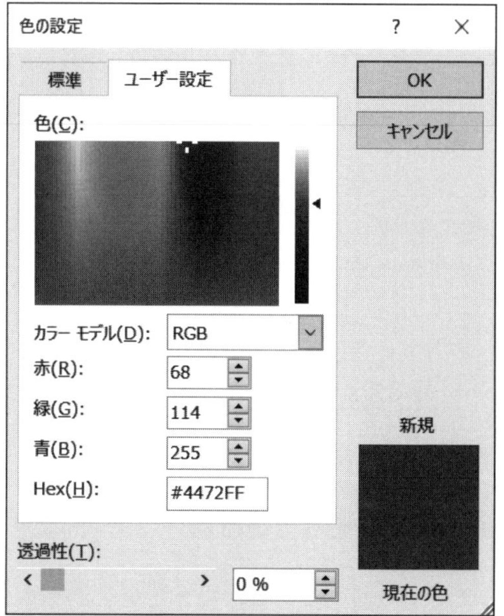

図4-13　Wordの「RGBカラー」の濃度の調整

では、入ってくるデータからどのように「対象の画像の特徴を抽出」するのかを理解するため、次のメッシュデータの流れを見てみます。

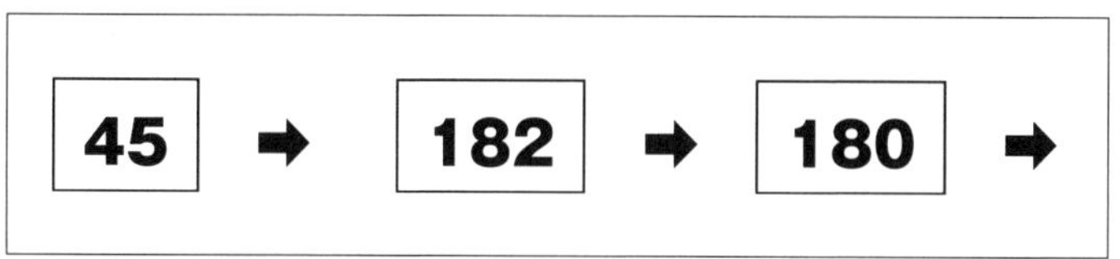

図4-14　メッシュデータの流れ

つまり、「45の隣は182」で「182の隣は180」であるというデータのつながりに、**「特徴を見出している」**のです。

ここに目を付ければ、"「機械学習」「AI」で使うための特徴の抽出方法"のヒントになります。

＊

「DNN」や「CNN」は画像処理を行なう方法として非常に優れた手法ですが、基本は「**どのようにその画像から特徴を抽出できるパターンを見出すか**」ということにほかなりません。

そこから、「大型コンピュータを使わなくても、うまく画像処理ができるのではないか」と考えたのが、次の「**スペクトル解析**」を使う方法です。

＊

画像処理では、学習データとして「CIFAR-10」などのような一定程度の量のデータを学習し、それに「テストデータ」を与えることで、最も「類似性の高いもの」から、そのテストデータが「飛行機」であるのか、「船」であるのか、などの評価を行ないます。

言い換えれば、学習データにないものを「テストデータ」として与えると、機械学習では「それが何であるのか？」を評価できず、「エラー」や「誤認識」になるのです。

■「機械学習」と「AI」はどう違うのか？

「機械学習」や「AI」という言葉は、日常でも見聞きする機会が多くなりました。

この2つはどう違うのかについて**第1章**で軽く触れましたが、もう一度、別な視点で説明しておきます。

- **機械学習……「データの中から特徴を機械的に抽出する」方法**
- **AI …………人の脳を「ニューラル・ネットワーク」によって模倣したモデル**

現在では、さまざまな手法が開発されており、たとえば「Weka」では、「機械学習コレクション」として「ニューラル・ネットワーク」も「function」というジャンルで他の手法と一緒に入っています。

＊

その中でも、**図4-10**のように「層の数が4層以上」のものを狭い意味で、「**ディープ・ラーニング**」(Deep Learning：深層学習)と呼んでいます。

特に、画像処理分野では、「中間層」を増やしていく「**ディープ・ニューラル・ネットワーク**」(DNN：Deep Neural Network)という名称もよく見ます。

ただし、「中間層」が複層である「DNN」と、「畳み込みニューラル・ネットワーク」の「CNN」は、「畳み込み層」「プーリング層」という考え方に違いがあるので、混同しないようにしましょう。

ただ、いずれにせよかなりの計算量になりますので、「市販のPCでなんでもかんでも」とはいきません。

■「空間周波数」という視点で画像の濃度を見る

まず、「画像処理」と「画像認識」の用語について少し触れましょう。

主に「機械学習」「AI」によって「対象の画像は何であるのか?」を判別する方法が「画像認識」で、画像そのものに何らかの手を加えていく段階は、ここでは「画像処理」と呼んでいます。

*

本書は、初心者の方が「機械学習」「AI」を全般的に、かつ容易に理解し、実務などで応用することを前提に考えています。

そこで、対象の画像に手を加えるためのソフトを使いながら、それらのデータを「機械学習」「AI」に解かせるという流れで構成しています。

そのため、たとえば、ロボットカメラが自動で対象を識別して、それが何かを特定する「認識システム」についての解説はしていないので、「画像処理」という用語を使っています。

*

現在の「画像処理」(画像認識)では、「CNN」の研究が進み、非常に多くの成果が公表されています。

しかし、「NN」ベースのモデルではどうしても「データ量・計算量」が膨大化し、「GPU」に依存せざるを得ません。

このことは、すでに理解できたかと思います。

*

第1章で解説したように、パソコンの性能を左右するのが「CPU」と「GPU」です。

「プログラミングの有無」を別にしても、「クラウド・コンピュータ」を使うことで「GPU」への対応ができます。

しかしこれには、「一定の計算量を超えると有償になる」というデメリットがどうしても生じます。

「CNN」が行なっていることは、「**特徴の抽出**」に他なりません。
それなら、別な方法で特徴を掴むことを考えればよいのではないでしょうか(**図4-15**)。

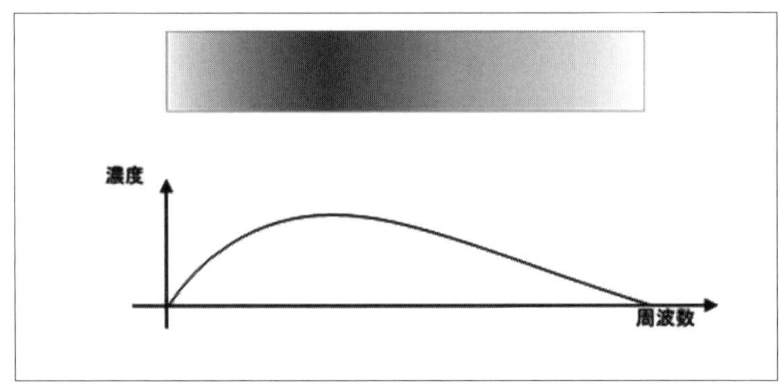

図4-15 「画像の濃度」を波長で捉える「空間周波数」

図4-15の上部分は、ある対象の画像の部分をピックアップした部分ですが、「濃淡」(濃度)の変化を見ることができます。

下の「曲線図」は、上の「濃淡」をタテ軸として波形にした曲線です。
濃い部分が曲線の頂部で、淡くなるほど低くなります。

これは「濃さ」を波長として捉えたものですが、「波動論」から、「1／λ」(波長:ラムダ)は、「空間周波数」(ν:ニュー)という考え方で捉えることができます。

「音」などの「振動」を「周波数」で捉えるという考え方は、「音声処理」(音声認識)の「機械学習」「AI」では重要な要素になっています。

つまり、画像も「光」という「波」で捉えれば、音の周波数に対して、「空間周波数」という考え方で特徴化できます。

この考え方は、参考文献に示すように「ゆらぎ」の研究などに応用されています。

■「スペクトル解析」(Spectrum解析) 自前のPCで画像処理させるための方法

「画像」を構成する「色合い」「濃度」などの「色」や、「音声」、「電磁波」の信号も一つの特徴です。

これらの信号を、「周波数」を横軸、「色」の成分の強さをタテ軸にしてグラフ化したのが「**周波数スペクトル**」(Frequency spectrum)と呼ばれるものです。

この方法を使うと、「CNN」などのように「畳み込み層」「プーリング層」の過程を経ず、「空間周波数」の変換さえ行なえば簡単にデータを特徴化することができます。

これは、具体的には「**スペクトル解析**」と呼ばれています。

原理として用いられるのは「フーリエ変換」(Fourier変換)です。

図4-16はリンゴを「メッシュ分割」したもので、「タテ7列×ヨコ6行」の「42画素(pixels)」です。

そして、同図のグラフはこれを、タテ軸を「濃度」、ヨコ軸を「画素順」にグラフ化したものです。

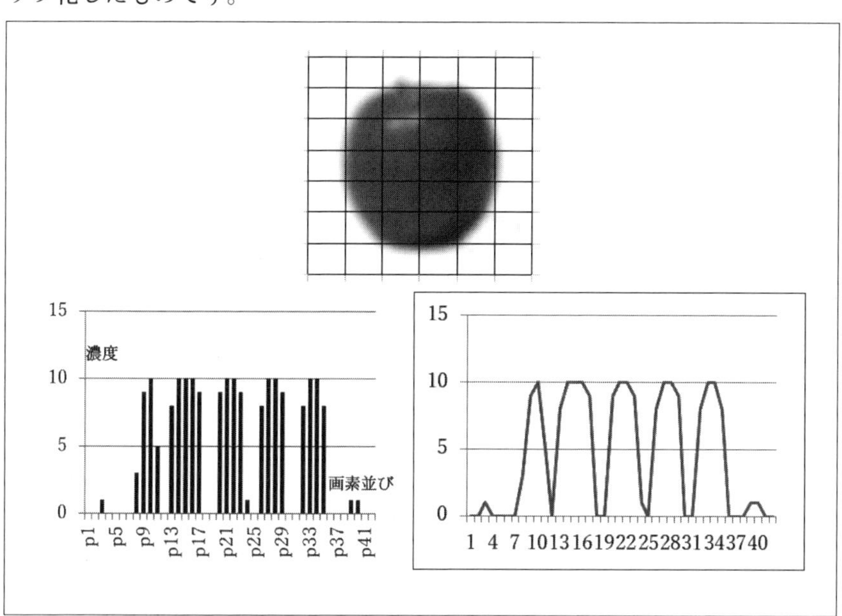

図4-16 画像を「波長」で捉える

図4-15の「縦棒グラフ」は、画素ごとの濃度の強さを縦軸にしたもので、その下の「連続グラフ」の状態がリンゴを「空間周波数」で捉えたときの特徴量を表わすパターンです。

*

次の図4-17をご覧ください。

(a)の方向から見たものが、図4-17の下図の連続グラフであるとすると、(b)の方向から見たものが、周波数別のタテ棒だけのグラフになります。

(b)方向のヨコ軸は「周波数」(画像のときは空間周波数)です。

この(a)から(b)に変換するには「フーリエ変換」というものを行ないますが、非常に便利です。

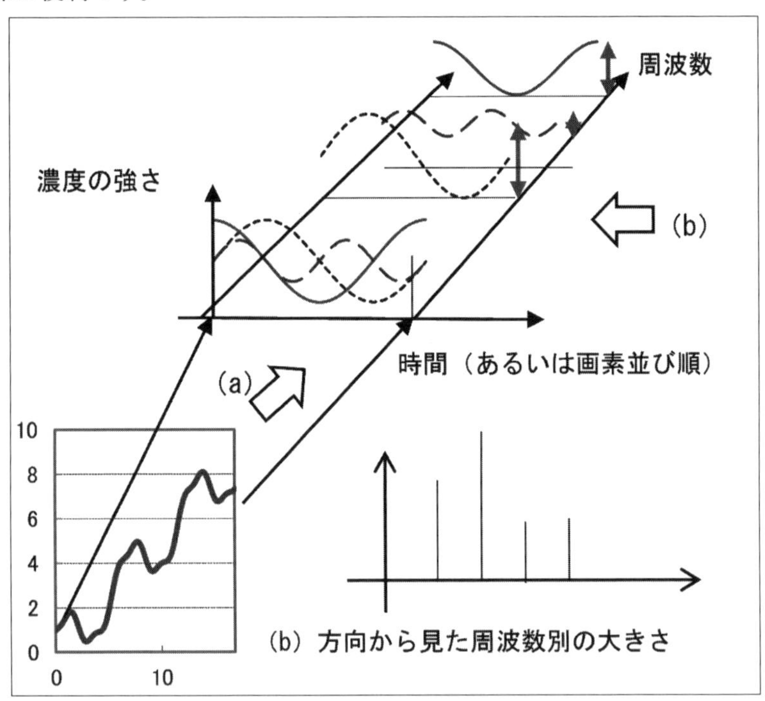

図4-17 「波」を周波数別に分解する「フーリエ変換」

つまり、元の画像は「フーリエ変換」されることで「濃度の強さの強弱」という「信号パターン」の特徴に変換されたことになります。

■ ImageJ

具体的なソフトは「ImegeJ」です。

「ImageJ」は、アメリカ国立衛生研究所（National Institutes of Health：NIH）によって開発されたもので、使い方は次節で解説します。

■ 参考文献

1）武者利光，『ゆらぎの世界』，講談社，1997.1.23.（第26刷）

2）渋谷道雄・渡邊八一，監修 小川智哉，『Excelで学ぶフーリエ変換今日から使えるフーリエ変換』，オーム社，H19.2.20.（第1版第5刷）

3）三谷政昭，『今日から使えるフーリエ変換』，講談社，20194.20.

4-4 「ImageJ」の具体的な使い方

前節では、データの膨大化を防ぐ手立てとして、「フーリエ変換」を行なう「スペクトル解析」という手法で、「データの特徴化の抽出」という方法の基礎の話をしました。

ここでは、実際に画像をデータ化して「機械学習」「AI」のソフトで計算させる方法について解説します。

■「ImageJ」を使う

ここでは、「機械学習」「AI」のソフトへもっていくために、「画像処理」では世界中で使われているソフトを紹介します。

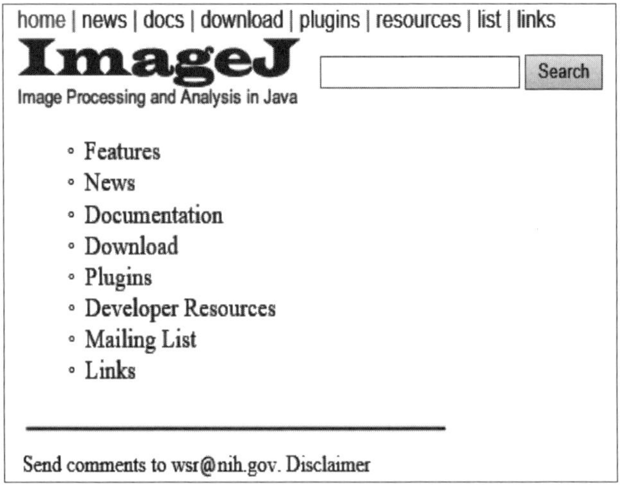

home | news | docs | download | plugins | resources | list | links

ImageJ

Image Processing and Analysis in Java

Search

- Features
- News
- Documentation
- Download
- Plugins
- Developer Resources
- Mailing List
- Links

Send comments to wsr@nih.gov. Disclaimer

図4-18 「ImageJ」のhome画面

「ImegeJ」のサイトは次のURLです。

簡単にダウンロード、インストールができます。

https://imagej.nih.gov/ij/download.html

ダウンロードなどはWeb上に使い方も含めかなり多くのものがありますので、ここではインストール後の使い方から解説します。

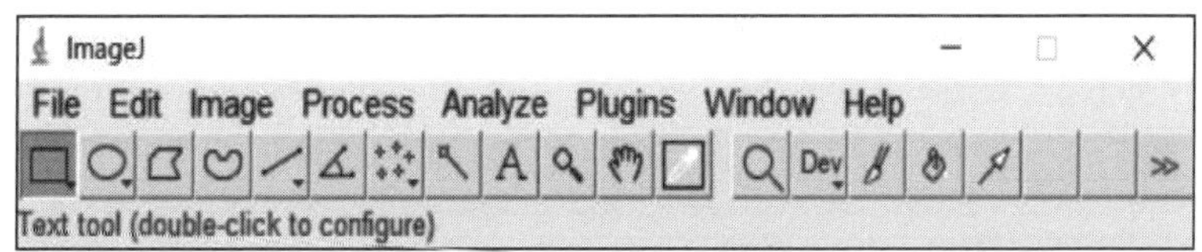

図4-19 「ImageJ」の「GUI」

画像サンプルは、**図4-20**を使います。

図4-19の「ImageJ」のメニューの「File→open」で画像データを開きます。

マウスを画像の上にもっていくと「十字」のポインターになっているので、任意で**図4-20**のように囲みます。

図4-20 自転車の画像

「ImegeJ」の「GUI」(最初の画面)の「Analyze → Plot Profile」を選択すると、下のように縦軸が「**Gray Value**」(グレー値)で、横軸が「**Distance(pixels)**」の画素数が表示されます。

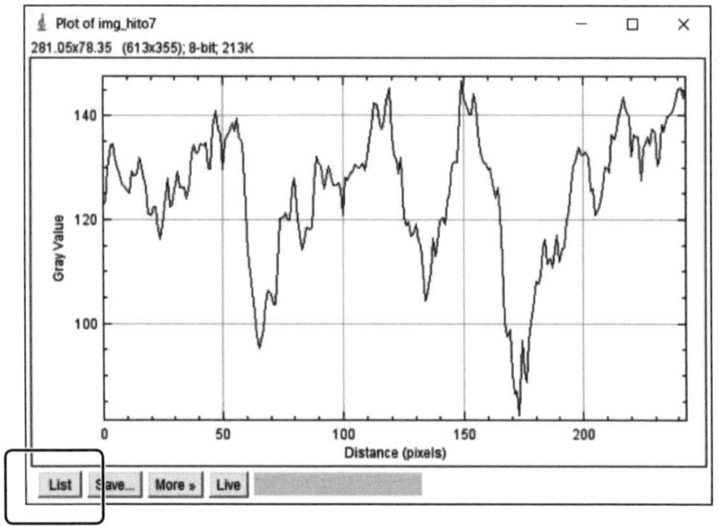

図4-21　画像の「グレー・スケール」

左下の「List」をクリックします。
すると、**図4-22**のように「グレー・スケール値」が数値で出てきます。

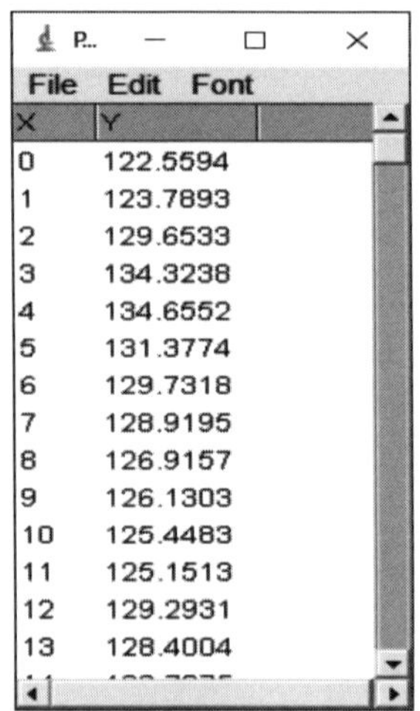

X	Y
0	122.5594
1	123.7893
2	129.6533
3	134.3238
4	134.6552
5	131.3774
6	129.7318
7	128.9195
8	126.9157
9	126.1303
10	125.4483
11	125.1513
12	129.2931
13	128.4004

図4-22　画像の「グレー・スケール」

「ImageJ」にはこの方法以外にも、「FFT」(Fast Fourier Transformulatuin：フーリエ変換)などの機能もありますが、この「グレー・スケール値」での変換はけっこう実用性があります。

このデータの部分で、「Ctrl＋A」と「Ctrl＋C」で「すべての選択」と「コピー」ができますので、Excelにもっていって、一度貼り付けます。

Excelへもっていったら「(*.csv)形式」で保存します。

■「機械学習」「AI」のソフトへもっていく

貼り付けたデータを選択して再度コピーし、「貼り付けのオプション」で「行/列の入れ替え」にチェックを入れて貼り付けます(図4-22の“ ? ”部分を予測)。

	A	B	C	FH	FI	FJ	FK
1	no1	no2	no3		no164	no165	class
2	64	65	64	・・・	140	143	car
3	98	100	95	・・・	92	82	car
4	128	131	128	・・・	117	117	car
5	87	86	83	・・・	76	75	car
6	160	154	153	・・・	68	70	car
7	147	151	149	・・・	140	141	car
8	132	131	133	・・・	79	76	car
9	161	160	161	・・・	88	86	hito
10	104	105	107	・・・	151	153	hito
11	36	37	38	・・・	141	136	hito
12	133	129	135	・・・	169	172	hito
13	181	179	178	・・・	128	127	hito
14	131	123	124	・・・	112	114	?

図4-23　Excelで「機械学習」「AI」計算用にcsv形式で保存するデータ
(横の行は、「画像データ」一つずつの「グレー・スケール値」)

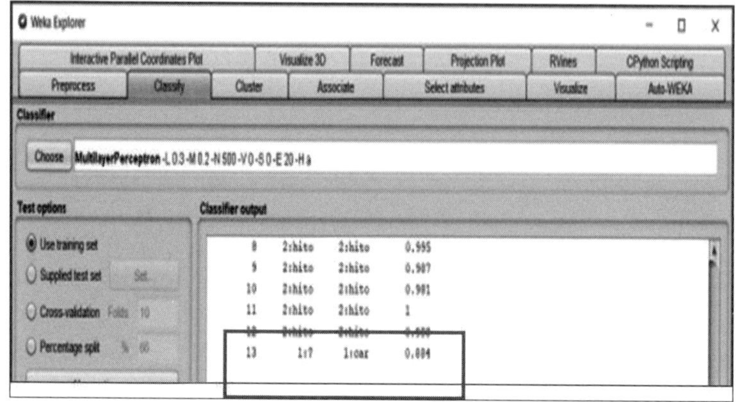

図4-24 「Weks」による解析の結果(?部分の横)

結果は「car(車)」で「Dl4J」で「jpgファイル」のときと同じになりました。

表4-1 「Weks」の「Classifyパネル」の手法別結果

手 法	予測値	正答率
functions-Dl4J	hito	0.607
fuctions-Multilayer Perceptron	car	0.884
functions-SMO (SVM)	hito	1
lazy-IBk (k-NN)	car	0.929
meta-AdaboostM1	hito	0.56
trees-Random tree	car	1
bayes-BayesNet	hito	0.758

「Weka」の「Classifyパネル」の中にあるいくつかの代表的な手法を**表4-1**に記載しました。

上記から「Dl4J」は「jpgデータ」でないときには、そのまま「Startボタン」で計算できます。

その下の「Multilayer Perceptron」は「多層パーセプトロン」で、「中間層」が1層のものです。

「SMO」は、「**サポート・ベクター・マシン**」(Support Vector Machine:SVM)と呼ばれる手法で、対象データの分布からクラス分類をする、「決定境界」の「マージン(余白)最大化」を行なうことで「外れ値」を除外し、計算量を低減させます。

*

「Meta学習」(最適な学習方法を模索する学習法)にある「Ibk」(k-NN:k-近傍法)は、さまざまなソフトウェアでも見られる著名な手法です。

「k-means法」(k-平均法)と同じ対象をグループ分類するクラスター化手法です。

同じmeta学習の「AdaboostM1」は「**アンサンブル機械学習**」の一つで、他に「バギング」「アダブースティング」「スタッキング」「ランダム・フォレスト」などが、「Weka」には実装されてます。

「Random tree」は決定木のモデルのひとつで、「BayesNet」は「ベイズの定理」に基づくネットワークによる学習法です。

正答率が「car」と「hito」とに分かれています。

これは「学習データ数」と「使用手法」によって学習評価が異なり、「機械学習」「AI」の計算では正答率向上のためデータ数、手法を何度も試行錯誤を繰り返し探査していきます。

第5章

言語処理

「言語処理」は「自然言語処理」という広い視点で捉えることが多いですが、ここでは、「機械学習」や「AI」を自前のパソコンで行なっていくために必要な基礎と、実際の使い方について解説します。

また、ここでは本書の「入門」というレベルを超えますが、知識として知っておくという視点で、「言語処理」を「画像処理」とあわせた技術も紹介します。

5-1 「言語処理」の知識で不可欠な、「DNN」と「RNN」

「言語処理」には「DNN」と「RNN」という手法がよく知られていますが、この二つはとても重要な手法です。

以下には基礎の教科書として最低限必要な数式が出てきますが、苦手な方はその部分を読み飛ばしてかまいません。

■言語処理の手法

「言語処理」を「機械学習」「AI」で解く手法にはDNN (Deep Neural Network)の他に1986年のデビッド・ラメルハート(David E. Rumelhart)の研究による「RNN」(Recurrent Neural Network:「回帰型ニューラル・ネットワーク)が最もよく知られている手法です。

現在では、さらに発展させた、「Elman Network」「Jordan Network」「Echo state Network」「Bi-direction RNN」「LSTM (Long Short Term Memory Network)」「seq2seq (Sequence to Sequence)」などがあります。

この言語処理には、(a)「音声から処理する方法」、(b)「画像から文書を読み取り処理する方法」、(c)「文書そのものを処理する方法」――があります。

*

これらの処理を実務に使うことを前提にする場合に、大きな壁として立ちはだかるのは、まず、(a)学習データが膨大に必要な、「ビッグ・データ化」です。

他方は、(b)それらの膨大なデータを処理するための、「コンピュータの処理速度や容量の問題」です。

*

本書は、原則として市販のパソコンを誰でもストレスが少なく、無償で使えることにこだわっています。

お金と優秀な人材、それに充分な開発時間などの環境があれば、極端な話、誰でも先端技術を使うことができます。

ただ、それでは、「知で勝負」していく技術者や研究者の面白みがありません。

私は「自分の手で夢をつかむ」ことを一つの信条としていますので、ここはなんとか、一般の市販のパソコンで、解いていきたいと思います。

＊

最初は、ここからアプローチするために、「ニューラル・ネットワーク」のイメージと、言語処理で重要な手法である「RNN」について概説していきます。

＊

また、これらの手法を画像と組み合わせた技術についても、いくつか紹介していきます。

言語処理は、画像などの処理と合わせることで、解析結果が、より分かりやすくなりつつあります。

■「DNN」(Deep Neural Network)の仕組み

図5-1は一般的な「NN」(Neural Network)の構成です。

「入力層」「中間層」(または「隠れ層」)、そして「出力層」からなります。

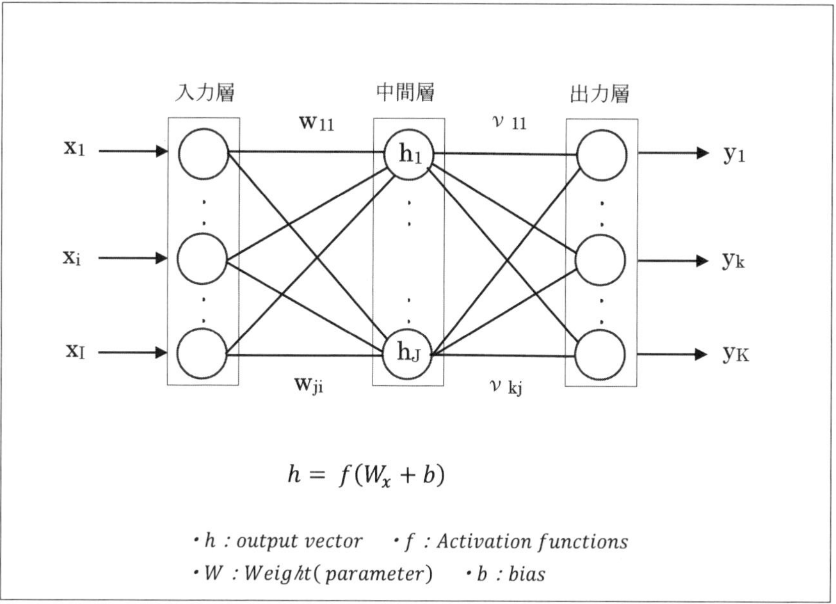

図5-1 「ニューラル・ネットワーク」(NN:Neural Network)

「NN」は基本的には「入力層」と「出力層」からなる構成で発展してきましたが、この構成では対象のデータの「線形分離」しかできませんでした。

このため、「中間層」(隠れ層)が増えることで「非線形分離」ができるようになり、かなり複雑な問題への対応もできるようになってきています。

この「NN」の「中間層」か層内の「ニューロン」を増やしていったものが、「ディープ・ニューラル・ネットワーク」(Deep Neural Network：以下「DNN」)になります。

単純に「ディープ・ラーニング」(深層学習)と呼ばれる基本構成です。

＊

「DNN」では「h」が「出力ベクトル」(output vector)、「f」は「活性化関数」(Activation function)、「W」は「重み」(Weight)で「パラメータ」(parameter)と呼び、この重み行列は「wji」、「ν kj」…のように変化していきます。

また、「b」は「バイアス」(bias)で、データが次の層へ遷移する過程で調整する重要な役割をもっています。

実際にデータが次の層へ移っていく過程は、「ベクトル」の「内積」の「偏微分」が行なわれます。

このモデルでは、単純に「中間層」を増やすだけでは解決できない、「勾配消失問題」(vanishing gradient problem)などの問題があります。

「Python」でいずれプログラミングを自前で作成したい方は、参考文献に記載した図書などを参考書に備えておくとよいと思います。

※それらの数式や詳細は、既往の図書が数多く出ているので、本書では割愛します。
「**図5-1**」および「**5-2**」は**参考文献5**を参考にしているので、式の詳しい展開を知りたい方はこの文献をご覧ください。

■「RNN」(Recurrent Neural Network)の仕組み

図5-2が「再帰型ニューラル・ネットワーク」(RNN：Recurrent Neural Network)です。

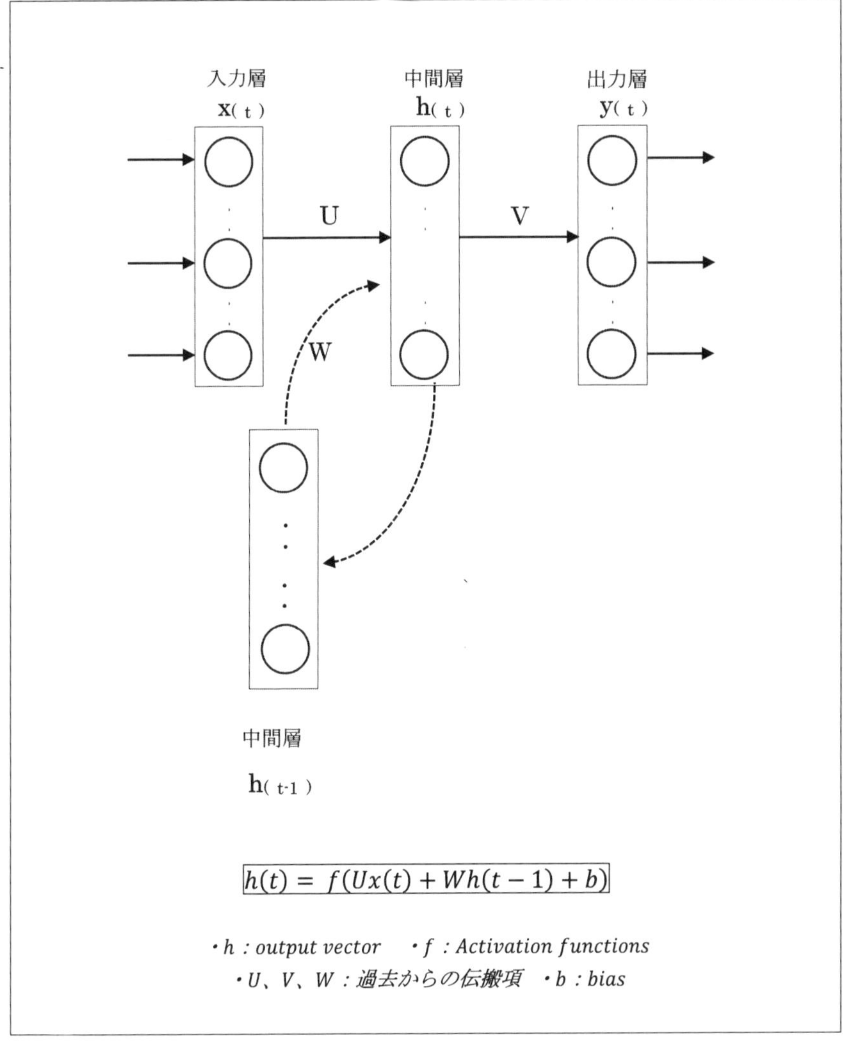

図5-2 「再帰型 ニューラル・ネットワーク」(RNN:Recurrent Neural Network)

先に記載したのが、「DNN」で、その後が言語処理の主流となった「RNN」です。

ただし、「DNN」では「中間層」が複数で構成されます。

＊

次に、ここで出てきた式を再掲します。

今回、あえて式を掲載したのは、「時系列」という視点で見ると、その違いが分かりやすいからです。

この違いは、「DNN」は「**非時系列**のデータ構造」、「RNN」は「**時系列**のデータ構造」という、時系列としてデータを捉えるか、そうでないかの違いです。

つまり、「t」が入っているか、そうでないかの違いということです。

$$h = f(W_x + b) \qquad \text{(DNN)}$$

$$h(t) = f(Ux(t) + Wh(t-1) + b) \qquad \text{(RNN)}$$

＊

言語処理で多く使われる「RNN」と、近年脚光を浴びている「LSTM」の基本的な流れは**図5-3**のようになります。

「LSTM」は、「語彙」から「語句」という視点で捉える方法です。

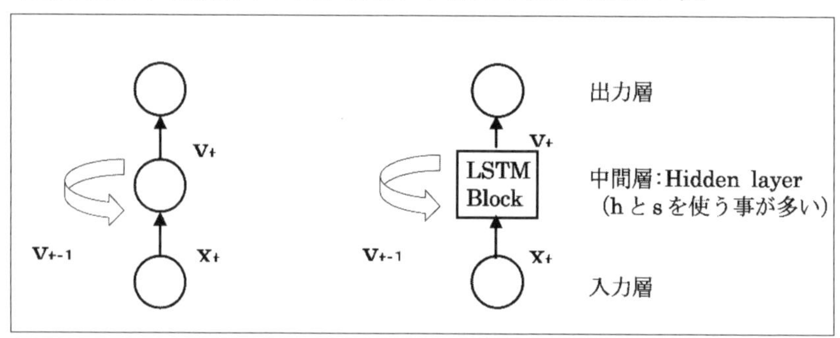

図5-3　左ー RNN　右ー LSTM のメカニズム（LSTM Block：再帰セル）

実際の「RNN」でのデータの受け渡しのイメージを下に会話形式でデータ処理をさせたところを示してみました。

下側の「こんにちは」からはじまるデータが入力され、上側に受け答えの会話が出力されます。

この**図5-3**と**図5-4**で「言語処理」の流れがイメージしやすくなったのではないかと思いますが、この流れが「時系列のデータ構造」です（ここでの「時系列」

とは、「言語の流れ」という視点です)。

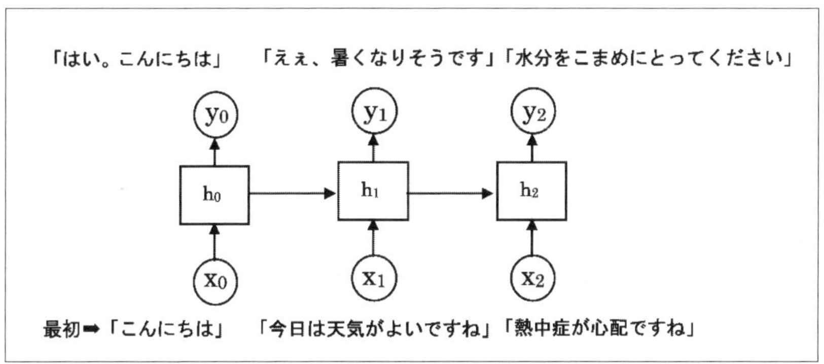

図5-4 「RNN」の言語処理の流れ

「RNN」は「データを時系列の構造」と考えることで、会話のデータを「記憶」させて、絶えず時系列の流れでデータを処理していく仕組みです。

■「言語処理」の「拡張応用」

こうした会話などの「言語処理」には、全体の会話をスムーズにさせるために、さまざまな手法が現在では提案されています。

＊

図5-5は、現在の先端技術の研究論文に掲載されている手法です。

左から、「LSTM」(Long Short Term Memory)、「CNN」(Convolutional Neural Network)、それに「QRNN」(Quasi-Recurrent Neural Network)です。

＊

「**LSTM**」は会話などの処理で非常に重要な位置を占めているもので、「CNN」は「畳み込み型ニューラル・ネットワーク」で、特に画像処理で威力を発揮しました。

そして、「LSTM」と「CNN」をもとに効率性を高めるために新しく開発されたのが、「QRNN」です。

データを図の「濃い灰色」と「淡い灰色」のように「並列処理」して、効率を大幅に改善した手法です。

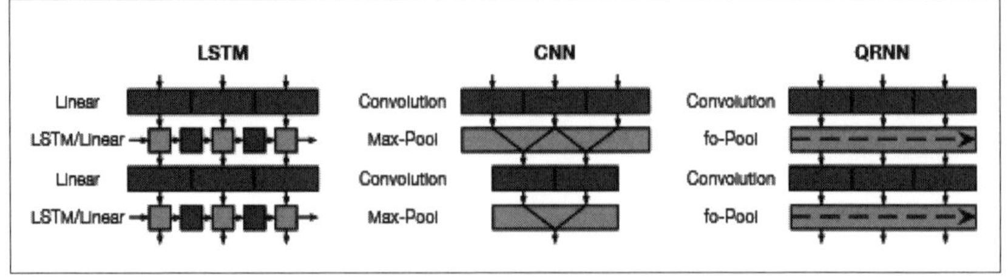

図5-5 「LSTM」「CNN」「QRNN」(出典:参考文献12)

特に、画像処理の「CNN」と「RNN」を組み合わせた、「画像概要生成」という手法が**図5-6**です。

入力は画像で、それぞれのパーツを最後は語彙で表現し出力するのを「RNN」で行なっています。

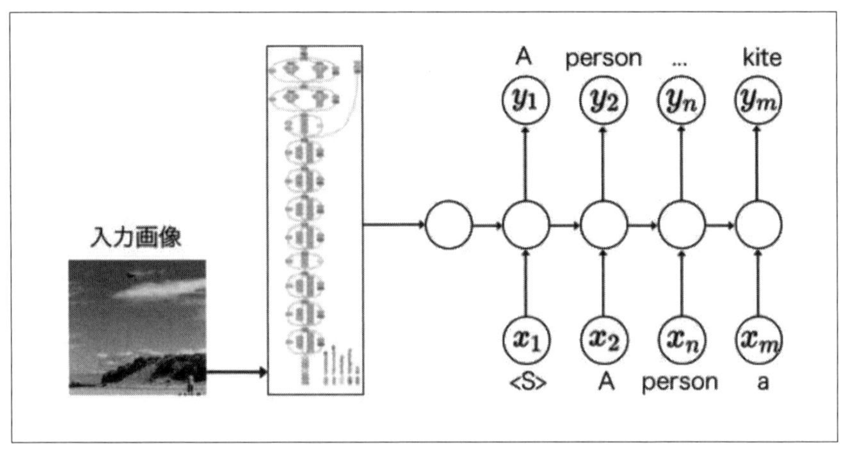

図5-6 「画像処理」と「RNN」(出典:参考文献8、11)

＊

また、次の**図5-7**は、「音声処理」を「RNN」にもってきて「言語処理」をさせる方法です。

実は、この手法は筆者が画像処理で特徴の抽出を行なう手法にスペクトル解析を用いた提案をしていますが、図の左には音声スペクトルが出ていて、同じ発想です。

つまり、「音声」も「画像」も「スペクトル」で捉えるというのは、特徴の抽出とそれぞれの個々の画素(要素)のつながりを考える上で非常に有効であるということです。

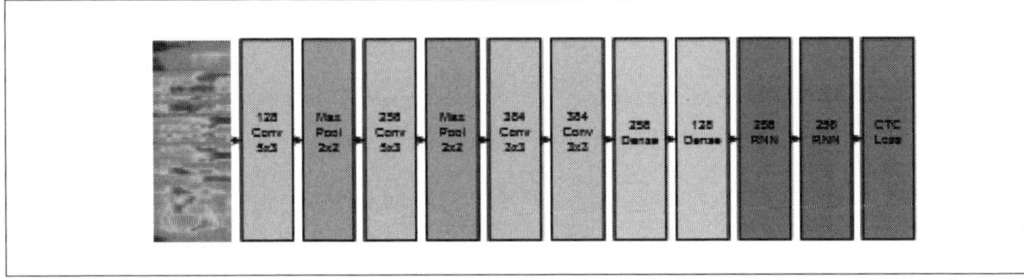

図5-7 「音声認識」と「RNN」(出典:参考文献9)

＊

また、**図5-8**は、CNNを使った「要素抽出」の技術です。

「画像入力データ」から、「学習データ」のストックにアプローチし、それぞれの画像の要素はなんであるのかを抽出しています。

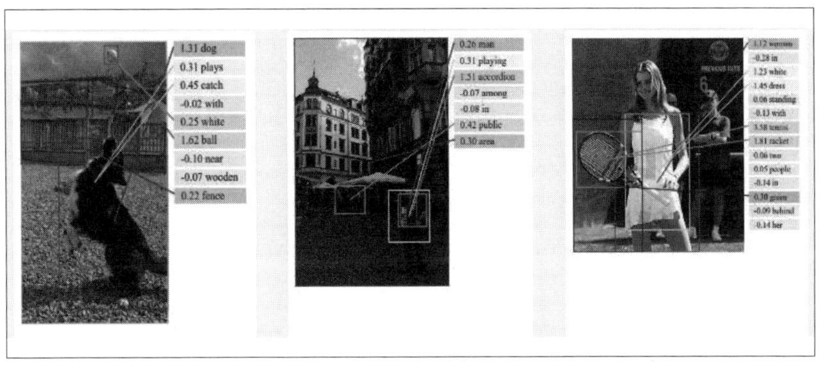

図5-8 「CNN」と「RNN」(出典:参考文献10)

＊

さて、ここまで見てくると、一つのある結論に到達します。

「データ量は膨大化し、PCの容量も計算時間も膨大にかかるのが当然！」

ということです。

その通りで、多くの参考文献でも、計算に数時間、あるいは数日かかり、ほとんどがGPUを使う、ということです。

やはり、「CPU」(自前のPC)にこだわりたいですね。

■時系列で考える

表5-1を見てください。

表の上は「**時系列**」的なデータですが、下は「非時系列」的なデータです。

ここでは、土木設計などで必要となる「積算書」という視点で言語を登場させてみました。

「積算書」では「コンクリート」という言語が来て、次には「50㎥」という語彙が出てきますが、これは時系列なデータであるとは言えません。

ここに「時系列的な語彙のデータを言語処理で機械学習化」するためのヒントがあります。

表5-1 「時系列的なデータ」と「非時系列的なデータ」

時系列的なデータ					
	h0	h1	h2	h3	hk
x (入力)	こんにちは	今日は天気がよいですね	熱中症が心配ですね		
y (出力)		はい。 こんにちは	えぇ、暑くなりそうです	水分をこまめに取ってください	

非時系列的なデータ					
	W1	W2	W3	W4	W5
x (入力データ)	橋梁基礎	コンクリート	50㎥	単価	金額

言語処理の機械学習では、データ構造をきちんと理解すると、一般的な「Neural Network」や「DNN」で、「時系列データ」も「非時系列データ」でも解いていけます。

つまり、「コンクリート50㎥の積算単価と金額」のような時系列によらない言語処理であっても、大型コンピュータやGPUを使わずに、「Neural Network」や他の「機械学習」のアルゴリズムで、「CPUで解ける問題」になります。

＊

次節から、こうした言語処理のソフトウェアである構文解析の「Mecab」(TTMの一つ)の概要と使い方について解説していきます。

■ 参考文献

1) FRANCOIS CHOLLET (巣籠悠輔 訳), 『PythonとKerasによるディープラーニング』, マイナビ, 2018.10.25.

2) SEBASTIAN RASCHKA/VAHID MIRJALILI, 『Python 機械学習プログラミング』, ㈱クイープ・福島真太朗監訳, インプレス, 2018.3.21.

3) 加藤公一, 『機械学習のエッセンス』, SB CREATIVE, 2018.11.30. (第二刷)

4) G.NICOLIS・H.PRIGOGINE, 『複雑性の探求』, みすず書房, 1998.5.15. (第6刷)

5) 巣籠悠輔, 『詳細 ディープラーニング (TensorFlow・Kerasによる時系列データ処理)』, マイナビ, 2019.2.1. (第9刷)

6) 和田尚之, 『機械学習コレクション Weka入門』, 工学社, 2019.8.30.

7) WIKIPEDIA ; RECURRENT NEURAL NETWORK

8) WEBSITE ; HTTPS://DEEPAGE.NET/DEEP_LEARNING/2017/05/23/RECURRENT-NEURAL-NETWORKS.HTML

9) WILLIAM SONG, JIM CAI, END-TO-END NEURAL NETWORK FOR AUTOMATIC SPEECH RECOGNITION, DEPARTMENT OF COMPUTER SCIENCE STANFORD UNIVERSITY.

10) WEBSITE ; DEEP VISUAL-SEMANTIC ALIGNMENTS FOR GENERATING IMAGE DESCRIPTIONS.

11) ELMANMANSIMOV,EMILIOPARISOTTO,JIMMYLEIBA&RUSLANSALAKHUTDINOV, GENERATING IMAGES FROM CAPTIONS WITH ATTENTION, PUBLISHED AS A CONFERENCE PAPER AT ICLR 2016.

12) JAMESBRADBURY*,STEPHENMERITY*,CAIMINGXIONG&RICHARDSOCHER, QUASI-RECURRENT NEURAL NETWORK, UNDER REVIEW AS A CONFERENCE PAPER AT ICLR 2017.

5-2 「形態素解析」と「構文解析」

言語処理での重要な解析に、「形態素解析」と「構文解析」があります。
ここでは、それらの概要を基礎知識として把握するため、解説します。

■最初に、どのくらいのボリュームの文書を処理できるかを知る

言語処理で重要な文書データ※を「機械学習」「AI」で解いていくためには、(a)「形態素解析」と(b)「構文解析」(「係り受け解析」)の2つを知る必要があります。

※一般的に「テキスト・マイニング」という総称で呼ぶことも多いのですが、「機械学習」「AI」という領域では広く「言語処理」という視点で捉えます。

*

たとえば、"外は猛烈に暑くて危険だ"という文書があったとします。

すると、「形態素解析」では、"外は"、"猛烈に"、"暑い"、"危険"と語彙が抽出されますが、"外が暑くて危険だ"と外部が暑いことは特定ができません。

これに「構文解析」(「係り受け解析」とも言います)を加えると、

" 外は ➡ 猛烈に ➡ 暑くて ➡ 危険だ "

というように"外が危険である"ことが特定されます。

「文書データ」を「名詞」「動詞「形容詞」「副詞」などの品詞ごとに文書の形態の素を解析するのが「形態素解析」で、「全体の文書の流れ」がどのような「構造」(構文)をもっているのかを解析するのが、「構文解析」(係り受け解析)です。

*

また、「文書データ」を「機械学習」「AI」にかけて解いていくときには、「語彙の出現頻度」、「どのような流れで分類されているのか」がポイントになります。

その文章が「フェイク」(「嘘」、あるいは「間違い」)であるのかを教える「教師あり学習」によって、蓄積されたデータ(学習データ)から、新たに入れた文書データが間違いであるのか、あるいは正しいものであるのかを「予測」(評価)させることができるようになります。

＊

「具体的」な「形態素解析」、「構文解析」の解説を行なう前に、どのくらいの文書データ量を処理できるのかの目安を把握しておきましょう。

図5-9の文書データは「ロイター通信の穀物列車」の記事データです。
ヨコの1行がある日にちの記事で、全部で1554行ぶんのデータです。
約4年強ぶんの記事データです。

この記事データは、「Weka」の「Dataフォルダ」にインストール時に一緒に入ってくる「データ・セット」のひとつで、“ Reuters Grain-train .arff ”です。

ここでは、具体的な文書解析では「日本語データ」を使うので、あくまでも参考解析としてご覧ください。

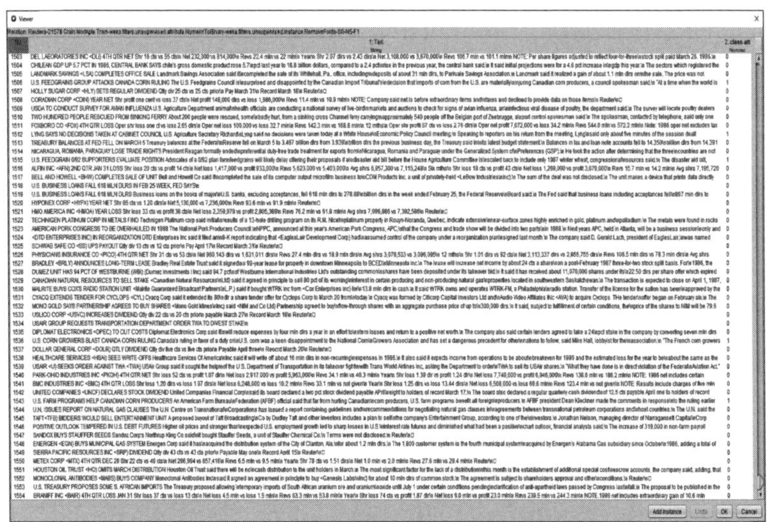

図5-9 「ロイター通信」の穀物列車の記事データ

解析にはベイズ(Bayes)の“Naive Bayes Multi nomial(多項式) Text”を使いました。

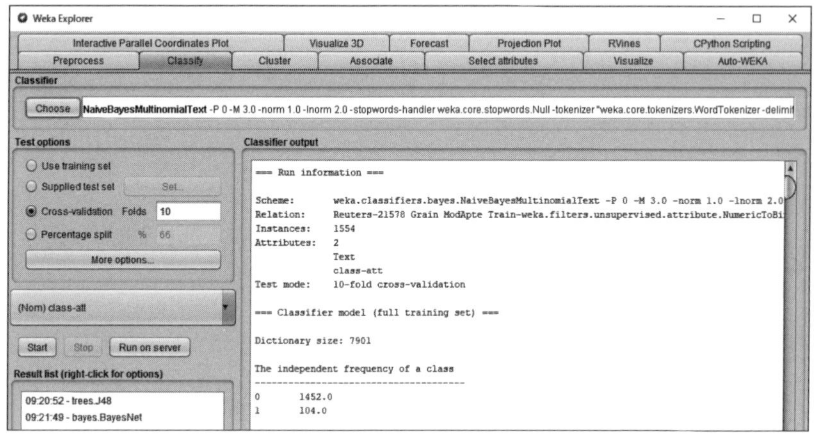

図5-10 「Weka」で解いた「ロイター通信」の穀物列車の記事解析結果

使い方の詳細は参考文献をご覧ください。

「Naive Bayes」は、「**多項式ベイズ分類器**」と呼ばれるアルゴリズムで、「ベイズの定理」を用いた「確率的分類器」とも呼ばれます。

また、「ベイズの定理」を用いて解く、「教師あり機械学習」です。

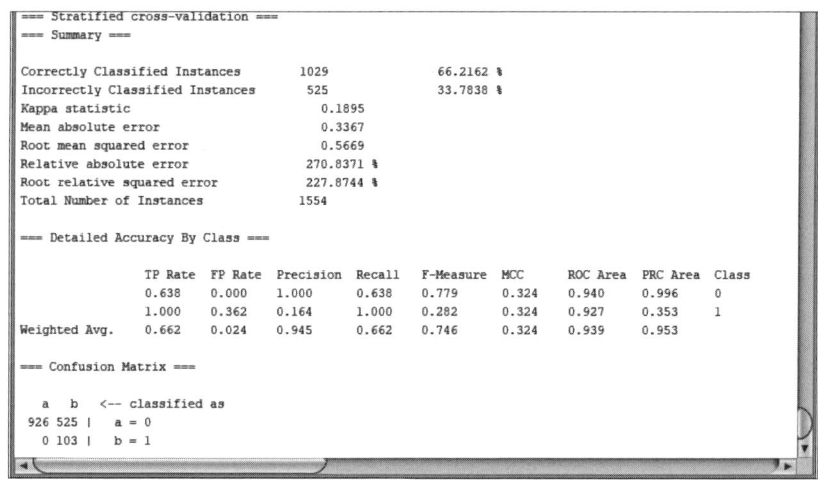

```
=== Stratified cross-validation ===
=== Summary ===

Correctly Classified Instances        1029               66.2162 %
Incorrectly Classified Instances       525               33.7838 %
Kappa statistic                          0.1895
Mean absolute error                      0.3367
Root mean squared error                  0.5669
Relative absolute error                270.8371 %
Root relative squared error            227.8744 %
Total Number of Instances             1554

=== Detailed Accuracy By Class ===

                 TP Rate  FP Rate  Precision  Recall   F-Measure  MCC    ROC Area  PRC Area  Class
                 0.638    0.000    1.000      0.638    0.779      0.324  0.940     0.996     0
                 1.000    0.362    0.164      1.000    0.282      0.324  0.927     0.353     1
Weighted Avg.    0.662    0.024    0.945      0.662    0.746      0.324  0.939     0.953

=== Confusion Matrix ===

   a   b   <-- classified as
 926 525 |   a = 0
   0 103 |   b = 1
```

図5-11 解析結果の続き(交差検証法)

■ 新聞記事からどこが注目されているのかを抽出する文書処理の機械学習

文書データの解析は、単に「会話」や「アンケート」の解析だけということだけではありません。

それだけならExcelでマクロを組んでもできるので、わざわざ「機械学習」を用いるのは面白くありません。

ここでは、“新聞記事の「文書データ」を「機械学習」で分類する方法”を紹介します。

新聞記事は2018年（平成30年）4月11日に大分県中津で発生した地震による土砂災害のときの新聞各社のWeb報道のものを使います。

	A	B
1	読売新聞_1	１１日午前３時４０分頃、大分県中津市耶馬渓町金吉で山の斜面が大規模に崩れ、近くの住宅が土砂に埋まるなどした。
2	読売新聞_2	県などによると、３世帯の男性１人、女性５人の計６人（２１～９０歳）が安否不明となり、同日午後、現場から見つかった岩下義則さん（４５）の死亡が確認された。県は陸上自衛隊に災害派遣を要
3	朝日新聞_1	１１日午前３時４０分ごろ、大分県中津市耶馬渓町金吉で裏山が幅約１００メートルにわたって崩落し、３棟の住宅が土砂にのみ込まれた。県などによると、３世帯の住民６人の安否が確認できていな
4	朝日新聞_2	県によると、現場は雨水を吸収してぬかるみ、足場が悪くなっている。無人のバックホーと呼ばれるショベルカーのような機械2台を少し離れた場所から動かし、家屋を覆う土砂を除去した。捜索は14
5	毎日新聞_1	大分県中津市耶馬渓（やばけい）町金吉（かなよし）で１１日未明に起きた山崩れで、安否不明だった男女６人のうち、男性１人が土砂の中から救助されたが死亡が確認された。
6	毎日新聞_2	大分地方気象台によると、現地では今月に入ってから降水量は少ないという。国土交通省は１１日に専門家チームを現地派遣し、地上と上空から状況を確認した。同チームは調査後「岩盤の風化が進ん
7	産経新聞_1	寝静まる小さな集落を、大量の土砂が襲った。大分県中津市耶馬渓町金吉で、１１日未明に起こった山崩れ。紅葉などの名勝地として知られるのどかな山あいの風景は、一変した。「雨も降っていない
8	産経新聞_2	現場は１０棟に満たない小さな集落。スギの木が林立する山肌が高さ約１００メートルの地点から崩れ、４棟をのみ込んだ。土砂は集落前の道を越え、田んぼや川にまで到達。数メートル四方の岩石が
9	日経新聞_1	大分県中津市耶馬渓町金吉で住宅が巻き込まれ１人が死亡した山崩れで、行方が分からなくなっている住民の女性５人の捜索は11日から徹夜で続いた。自衛隊に加え、12日朝には警察や消防なども再
10	日経新聞_2	捜索は540人態勢で実施。住宅が埋まっているとみられる場所ではショベルカーを投入して土砂や巨岩の除去を進めた。11日に会社員、岩下義則さん（45）の遺体が見つかった付近は、シャベルを使っ
11		
12		

図5-12　2018年4月に起きた大分県中津の土砂崩落の新聞記事

使ったデータは10誌ぶんです。

Web上からコピー＆ペーストでExcelへもっていき、「csv形式」で保存します。

あとは、「Weka」でデータを読み込むことで簡単に解析準備ができます。

＊

このモデルを、先と同じ「Naive Bayes Multinomial Text」の「Use training set」で解きます。

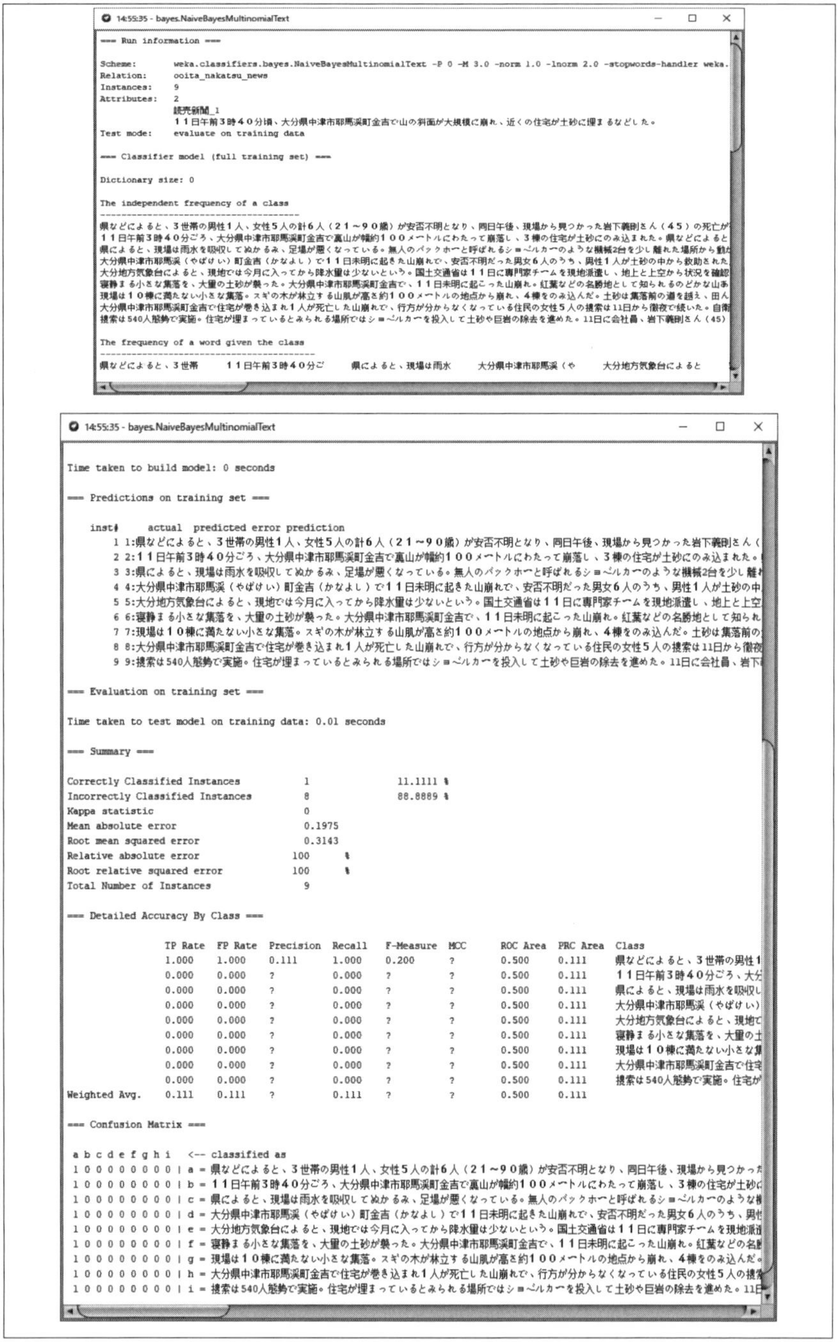

```
14:55:35 - bayes.NaiveBayesMultinomialText

=== Run information ===

Scheme:       weka.classifiers.bayes.NaiveBayesMultinomialText -P 0 -M 3.0 -norm 1.0 -lnorm 2.0 -stopwords-handler weka.
Relation:     ooita_nakatsu_news
Instances:    9
Attributes:   2
              読売新聞_1
              １１日午前３時４０分頃、大分県中津市耶馬渓町金吉で山の斜面が大規模に崩れ、近くの住宅が土砂に埋まるなどした。
Test mode:    evaluate on training data

=== Classifier model (full training set) ===

Dictionary size: 0

The independent frequency of a class
--------------------------------------
県などによると、３世帯の男性１人、女性５人の計６人（２１～９０歳）が安否不明となり、同日午後、現場から見つかった岩下義則さん（４５）の死亡が
１１日午前３時４０分ごろ、大分県中津市耶馬渓町金吉で裏山が幅約１００メートルにわたって崩落し、３棟の住宅が土砂にのみ込まれた。県などによると
県によると、現場は雨水を吸収してぬかるみ、足場が悪くなっている。無人のバックホーと呼ばれるショベルカーのような機械2台を少し離れた場所から動か
大分県中津市耶馬渓（やばけい）町金吉（かなよし）で１１日未明に起きた山崩れで、安否不明だった男女６人のうち、男性１人が土砂の中から救助された
大分地方気象台によると、現地では今月に入ってから降水量は少ないという。国土交通省は１１日に専門家チームを現地派遣し、地上と上空から状況を確認
寝静まる小さな集落を、大量の土砂が襲った。大分県中津市耶馬渓町金吉で、１１日未明に起こった山崩れ。紅葉などの名勝地として知られるのどかな山あ
現場は１０棟に満たない小さな集落。スギの木が林立する山肌が高さ約１００メートルの地点から崩れ、４棟をのみ込んだ。土砂は集落前の道を越え、田ん
大分県中津市耶馬渓町金吉で住宅が巻き込まれ１人が死亡した山崩れで、行方が分からなくなっている住民の女性５人の捜索は11日から徹夜で続いた。自衛
捜索は540人態勢で実施。住宅が埋まっているとみられる場所ではショベルカーを投入して土砂や巨岩の除去を進めた。11日に会社員、岩下義則さん（45）

The frequency of a word given the class
-----------------------------------------
県などによると、３世帯     １１日午前３時４０分ご     県によると、現場は雨水     大分県中津市耶馬渓（や     大分地方気象台によると
```

```
14:55:35 - bayes.NaiveBayesMultinomialText

Time taken to build model: 0 seconds

=== Predictions on training set ===

    inst#     actual  predicted error prediction
        1 1:県などによると、３世帯の男性１人、女性５人の計６人（２１～９０歳）が安否不明となり、同日午後、現場から見つかった岩下義則さん（
        2 2:１１日午前３時４０分ごろ、大分県中津市耶馬渓町金吉で裏山が幅約１００メートルにわたって崩落し、３棟の住宅が土砂にのみ込まれた。
        3 3:県によると、現場は雨水を吸収してぬかるみ、足場が悪くなっている。無人のバックホーと呼ばれるショベルカーのような機械2台を少し離れ
        4 4:大分県中津市耶馬渓（やばけい）町金吉（かなよし）で１１日未明に起きた山崩れで、安否不明だった男女６人のうち、男性１人が土砂の中
        5 5:大分地方気象台によると、現地では今月に入ってから降水量は少ないという。国土交通省は１１日に専門家チームを現地派遣し、地上と上空
        6 6:寝静まる小さな集落を、大量の土砂が襲った。大分県中津市耶馬渓町金吉で、１１日未明に起こった山崩れ。紅葉などの名勝地として知られ
        7 7:現場は１０棟に満たない小さな集落。スギの木が林立する山肌が高さ約１００メートルの地点から崩れ、４棟をのみ込んだ。土砂は集落前の
        8 8:大分県中津市耶馬渓町金吉で住宅が巻き込まれ１人が死亡した山崩れで、行方が分からなくなっている住民の女性５人の捜索は11日から徹夜
        9 9:捜索は540人態勢で実施。住宅が埋まっているとみられる場所ではショベルカーを投入して土砂や巨岩の除去を進めた。11日に会社員、岩下

=== Evaluation on training set ===

Time taken to test model on training data: 0.01 seconds

=== Summary ===

Correctly Classified Instances           1               11.1111 %
Incorrectly Classified Instances         8               88.8889 %
Kappa statistic                          0
Mean absolute error                      0.1975
Root mean squared error                  0.3143
Relative absolute error                100      %
Root relative squared error            100      %
Total Number of Instances                9

=== Detailed Accuracy By Class ===

                 TP Rate  FP Rate  Precision  Recall  F-Measure  MCC      ROC Area  PRC Area  Class
                 1.000    1.000    0.111      1.000   0.200      ?        0.500     0.111     県などによると、３世帯の男性１
                 0.000    0.000    ?          0.000   ?          ?        0.500     0.111     １１日午前３時４０分ごろ、大分
                 0.000    0.000    ?          0.000   ?          ?        0.500     0.111     県によると、現場は雨水を吸収し
                 0.000    0.000    ?          0.000   ?          ?        0.500     0.111     大分県中津市耶馬渓（やばけい）
                 0.000    0.000    ?          0.000   ?          ?        0.500     0.111     大分地方気象台によると、現地で
                 0.000    0.000    ?          0.000   ?          ?        0.500     0.111     寝静まる小さな集落を、大量の土
                 0.000    0.000    ?          0.000   ?          ?        0.500     0.111     現場は１０棟に満たない小さな集
                 0.000    0.000    ?          0.000   ?          ?        0.500     0.111     大分県中津市耶馬渓町金吉で住宅
                 0.000    0.000    ?          0.000   ?          ?        0.500     0.111     捜索は540人態勢で実施。住宅が
Weighted Avg.    0.111    0.111    ?          0.111   ?          ?        0.500     0.111

=== Confusion Matrix ===

 a b c d e f g h i   <-- classified as
 1 0 0 0 0 0 0 0 0 | a = 県などによると、３世帯の男性１人、女性５人の計６人（２１～９０歳）が安否不明となり、同日午後、現場から見つかった
 1 0 0 0 0 0 0 0 0 | b = １１日午前３時４０分ごろ、大分県中津市耶馬渓町金吉で裏山が幅約１００メートルにわたって崩落し、３棟の住宅が土砂に
 1 0 0 0 0 0 0 0 0 | c = 県によると、現場は雨水を吸収してぬかるみ、足場が悪くなっている。無人のバックホーと呼ばれるショベルカーのような機
 1 0 0 0 0 0 0 0 0 | d = 大分県中津市耶馬渓（やばけい）町金吉（かなよし）で１１日未明に起きた山崩れで、安否不明だった男女６人のうち、男性
 1 0 0 0 0 0 0 0 0 | e = 大分地方気象台によると、現地では今月に入ってから降水量は少ないという。国土交通省は１１日に専門家チームを現地派遣
 1 0 0 0 0 0 0 0 0 | f = 寝静まる小さな集落を、大量の土砂が襲った。大分県中津市耶馬渓町金吉で、１１日未明に起こった山崩れ。紅葉などの名勝
 1 0 0 0 0 0 0 0 0 | g = 現場は１０棟に満たない小さな集落。スギの木が林立する山肌が高さ約１００メートルの地点から崩れ、４棟をのみ込んだ。
 1 0 0 0 0 0 0 0 0 | h = 大分県中津市耶馬渓町金吉で住宅が巻き込まれ１人が死亡した山崩れで、行方が分からなくなっている住民の女性５人の捜索
 1 0 0 0 0 0 0 0 0 | i = 捜索は540人態勢で実施。住宅が埋まっているとみられる場所ではショベルカーを投入して土砂や巨岩の除去を進めた。11日
```

図5-13　新聞記事の解析結果

この文書データをExcelで「csv形式」にして、さらに「決定木」の分類問題を解いたものが次のページにある決定木です。

アルゴリズムは、「Random tree」を使っています。

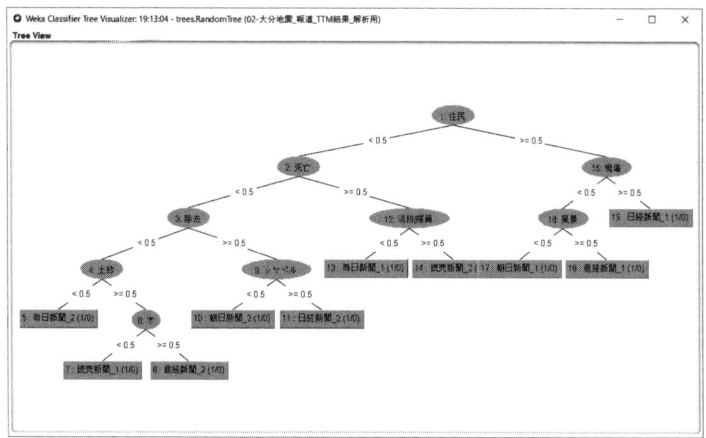

図5-14 「決定木」による新聞記事の解析結果

●「自動学習」(Apriori)でデータのルールを抽出

「Aprioriアルゴリズム」を使って、自動学習をさせてみたものが、**図5-15**です。

これは、マーケティング分野では「バスケット分析」として知られています。

かなりきれいに特徴を自動的に抽出しているのが分かります(「Weka」に実装されています)。

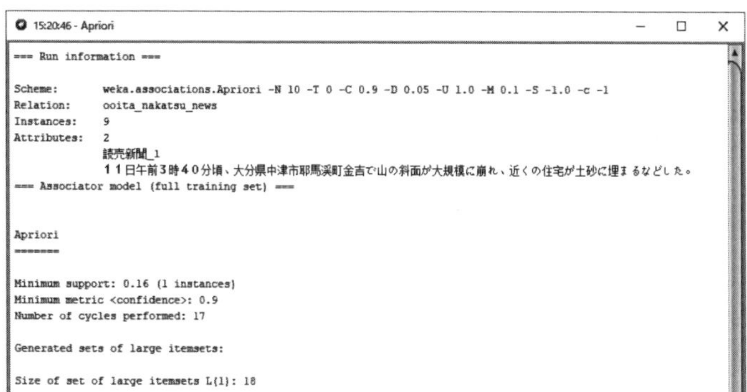

図5-15 「Aprioriアルゴリズム」でルールの抽出

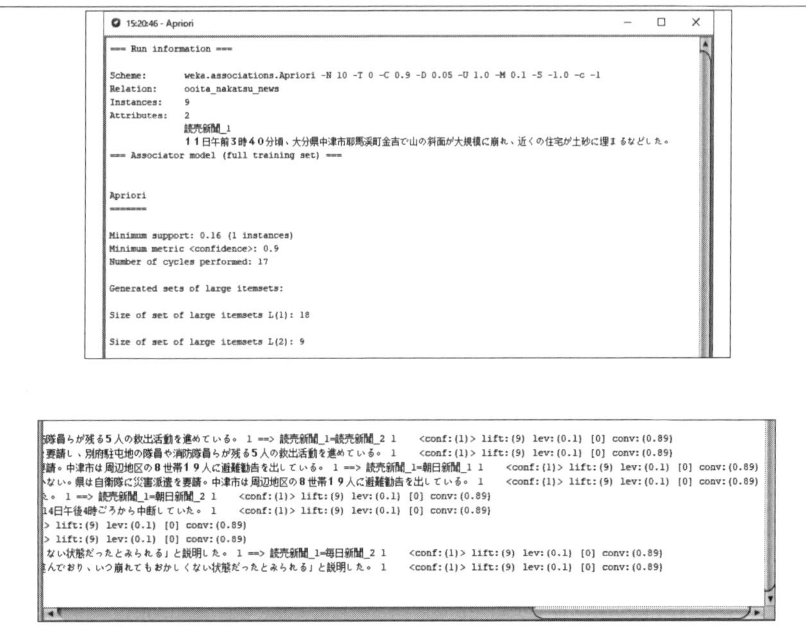

図5-16 「Aprioriアルゴリズム」でルールの抽出(続き)

＊

ここで紹介した「アルゴリズム」(手法)以外にも、他に実装されている機械学習のアルゴリズムや「DNN」(Deep Neural Network：ディープ・ラーニング)によって解いていくことができます。

次節では、「Weka＋TTM」という言語処理用のフリーソフトを使う方法について解説します。

また、形態素解析の「Mecab」や構文解析の「Cabocha」など日本語文書データ解析では欠かせないソフトも紹介します。

■ 参考文献

1) 和田尚之,『機械学習コレクションWeka入門』, 工学社, 2019.8.23.

5-3 言語処理のソフト

「自然言語」の処理は、プログラムなどの人工的に作られた言語と違って、自然発生した言語をコンピュータに処理させる技術ですが、ここでは、「言語の解析」と「言語の生成」という視点から言語処理に焦点を当てます。

＊

前節の続きとして、「機械学習」「AI」のソフトで「言語処理」「文書解析」を行なう方法について解説しますが、先に「文書解析」ではどうしても必要になる「**形態素解析**」と「**構文解析**」、それに文書解析の「**TTM**」(Tiny Text Mining)を紹介します。

■「Mecab」(形態素解析)、「Cabocha」(構文解析)、「TTM」(文書解析)

「機械学習」「AI」では、一般的に「言語処理」のことを「自然言語処理」と呼びます。

特に「人の会話(音声やその内容)」を対象に、広く学習させる場合に「自然言語処理」という用語を使うのです。

これらの言語を処理するにあたって、旧来から研究が行なわれ「**テキスト・マイニング**」で重要な位置を占める、「形態素解析」と「構文解析」について解説します。

＊

「**テキスト・マイニング**」とは、データであるテキストを機械処理して、その中から新たな知見などを抽出する処理です。

この機械処理の際に関わるのが「自然言語処理」となります。

＊

「機械学習」という視点で見ると、文書以外に会話などの日常で使われる言語を処理する技術には、現在では「**RNN**」(Recurrent Neural Network)や「**LSTM**」(Long Short Term Memory)、それに「**seq2seq**」(Sequence to Sequence)などの処理手法があり、多くの有益な実績をあげています。

ここで扱う「自然言語処理」の対象は「会話」ではなく、「アンケートの自由記述」「新聞記事」など、「文字データ」と「数値データ」が混在するデータです。

これらに焦点を当てた「言語解析」の視点で、機械学習させることに主眼を置いています。

＊

「言語解析」を行なうために知っておきたい知識の中で、「形態素解析」と「構文解析」は重要な位置を占めています。

もちろんこの二つだけではありませんが、「言語解析」を行なう上で、どうしても補助的なソフトウェアを使う関係から、「形態素解析」と「構文解析」は知っておく必要があります。

＊

具体的には、文書に主眼を置いた「言語解析」では、松村真宏氏と三浦麻子氏の「TTM」(Tiny Text Miner β version)を使います。

https://mtmr.jp/ttm/

「形態素解析」では、工藤拓氏の「Mecab」、「構文解析」では、やはり同じ工藤拓氏の「Cabocha」が知られていますので、これらを使います。

※ダウンロード先は「TTM」のサイトを参照

今節では、学習の対象を、「アンケート」や「論評」などの「文書」をメインに置いて解析させるので、「言語処理」としています(音声の解析は、次章の「音声処理」で扱います)。

●「Mecab」(形態素解析)

言語の「最小構成要素」を把握するために、文章を構成する最小限の言語単位に分けられたものを抽出する解析が、「形態素解析」と呼ばれるものです。

「形態素解析」には、いくつものソフトウェアがありますが、ここでは工藤拓氏の「Mecab」を使います。

このソフトは、Google日本語入力開発者の工藤拓氏によって、「京都大学情報学研究科−日本電信電話(株)コミュニケーションズ科学基礎研究所 共同研究ユニットプロジェクト」を通じて開発されたものです。

「Mecab」では、「解析モデル」として「bi-gram Markov Model」を使っています。

＊

基本的なメカニズムは、「マルコフ連鎖」(Markov chain)で、これは"「過去の状態」ではなく「現在の状態」によってのみ「未来の状態」が独立的に決まる"という考え方です。

具体的には、「X1, X2, X3, ・・・, Xn」という「確率変数」があった場合、現在の状態が決まれば、過去に依存されず現在の状態によって未来が独立的に決まります。

いわゆる「確率過程」のモデルとして、「マルコフ・モデル」はさまざまな分野で応用がなされています。

$$P_r\left(X_{n+1} = x \middle| X_n = x_n, \cdot \cdot \cdot, X_1 = x_1, X_0 = x_0\right) = P_r(X_{n+1} = x | X_n = x_n)$$

上がマルコフ連鎖のモデルで、連鎖の「**状態空間**」と呼ばれます。

このモデルをベースにした「bi-gram Markov Model」は、「確率変数」を「単語列」(「Wn = w1,w2,・・・,wn」で表わします)として与えられたときの「corpus」(コーパス:自然言語の文書を構造化して大規模に集積したもの)内の単語の「出現確率」(生起確率)を「C」とすれば、数式が出てきて恐縮ですが、次の式で与えられます。

$$P(W) = \prod_{i=1}^{n} p(w_i | w_{i-1}) = \prod_{i=1}^{n} \left(\frac{C(w_i, w_{i-1})}{C(w_{i-1})} \right)$$

また、「bi-gram」とは「自然言語処理」で用いられる手法で、文字単位の「記号列」(隣接したN個の記号の出現頻度を「N-gram」と言います)のことを意味しています。

出現確率をpとし、

P(私は澄んだ青空が好き)
=p(私|*始め*)p(は|私)
p(澄んだ|は)p(青空|澄んだ)
p(が|青空)p(好き|が)
p(*終わり*|好き) …各項すべて積です。

というように、2つの言語単位にして解析していきます(「bi(バイ)」はラテン語の“2つの”に由来しています)

「|」は「形態素区切り」と呼ばれています。

●「Cabocha」(「構文解析」または「係り受け解析」)

「形態素解析」に不可欠なものが、「**構文解析**」(係り受け解析)です。

「構文解析」は、先の文書がどのようなパーツで構成されているのかという、形態素の文法的な関係を探るときに使います。

*

「Cabocha」は工藤拓氏(Mecab開発者)と松本裕治氏、および奈良先端科学技術大学によって公開されているフリーソフトウェアです。

構文解析は、対象となる文章について、文字列を「a」と「b」、開始記号を「S」としたときに、次のようにルールを考えます。

開始Rule1:S ➡ aSb
終了Rule2:S ➡ ba

開始ルール適用 ➡ S ➡ aSb
再度開始ルール適用 ➡ aSb ➡ a aSb b
終了ルール適用 ➡ a aSb b ➡ aa ba bb

この過程を「生成文法」と呼んでいます。

最後は、「S」が消えるまで繰り返します。

この「生成文法」そのものは、実は「Automaton」(オートマトン)と呼ばれる手法です。

具体的なイメージをつかむために、「Cabocha」の公式Webページにある例を掲載します。

```
% cabocha
太郎は花子が読んでいる本を次郎に渡した
      太郎は---------D
          花子が-D       |
      読んでいる-D    |
                本を---D
                次郎に-D
                    渡した
EOS
```

```
% cabocha -f1
太郎は花子が読んでいる本を次郎に渡した
* 0 5D 0/1 1.062087
太郎	名詞,固有名詞,人名,名,*,*,太郎,タロウ,タロー
は	助詞,係助詞,*,*,*,*,は,ハ,ワ
* 1 2D 0/1 1.821210
花子	名詞,固有名詞,人名,名,*,*,花子,ハナコ,ハナコ
が	助詞,格助詞,一般,*,*,*,が,ガ,ガ
* 2 3D 0/2 0.000000
読ん	動詞,自立,*,*,五段・マ行,連用タ接続,読む,ヨン,ヨン
で	助詞,接続助詞,*,*,*,*,で,デ,デ
いる	動詞,非自立,*,*,一段,基本形,いる,イル,イル
* 3 5D 0/1 0.000000
本	名詞,一般,*,*,*,*,本,ホン,ホン
を	助詞,格助詞,一般,*,*,*,を,ヲ,ヲ
* 4 5D 1/2 0.000000
次	名詞,一般,*,*,*,*,次,ツギ,ツギ
郎	名詞,一般,*,*,*,*,郎,ロウ,ロー
に	助詞,格助詞,一般,*,*,*,に,ニ,ニ
* 5 -1D 0/1 0.000000
渡し	動詞,自立,*,*,五段・サ行,連用形,渡す,ワタシ,ワタシ
た	助動詞,*,*,*,特殊・タ,基本形,た,タ,タ
EOS
```

図5-17 「Cabocha」の構文解析

(出典;https://taku910.github.io/cabocha/)

「形態素解析」では最小限の言語単位に分解しましたが、一方で各単位の関係が曖昧(あいまい)になります。

そこで、各言語単位の関わりを探るのが、「構文解析」(係り受け解析)です。

図5-17の上図を見ると、各言語単位の関わりがイメージできます。

●「TTM」(文書解析)

「形態素解析」と「構文解析」をセットにした「文書解析」のフリーソフトウェアがあります。

松村真宏氏と三浦麻子氏の「TTM：Tiny Text Miner β version」です。

表5-2 「TTM」を使うための「フォルダ」に入れるファイルなど

ソフトウェア	説明
ttm.exe	TTM本体。任意の場所に置いてください
mecab-0.996.exe	工藤拓氏の開発した形態素解析器。MeCab downloadsからmecab-0.996.exeをダウンロードしてインストールしてください。文字コードは「Shift-JIS」を選択してください。
cabocha-0.53.exe	工藤拓氏の開発した構文解析器。CaboCha downloadsからcabocha-0.53.exeをダウンロードしてインストールしてください。それより新しいバージョンのCaboChaには今のところ対応していません。

表5-2は、一つのフォルダに「Mecab」と「Cabocha」を入れます。

具体的なダウンロード、インストールの方法は参考文献の**9**に記載されています。

＊

参考までに、ダウンロードとインストールを行なうと、「ローカルディスク(C:)」の「Program Files (x86)」のフォルダの中に「Mecab」と「Cabocha」のフォルダが作成されます。

(初期のころ、動作がうまくいかなかったときに、デスクトップに「TTM」というフォルダを作って、その中にも「Mecab」と「Cabocha」を入れると、うまく動作しました。)

手 順

[1] 図5-18が、「ttm.exe」をクリックすると出てくる最初の画面です。

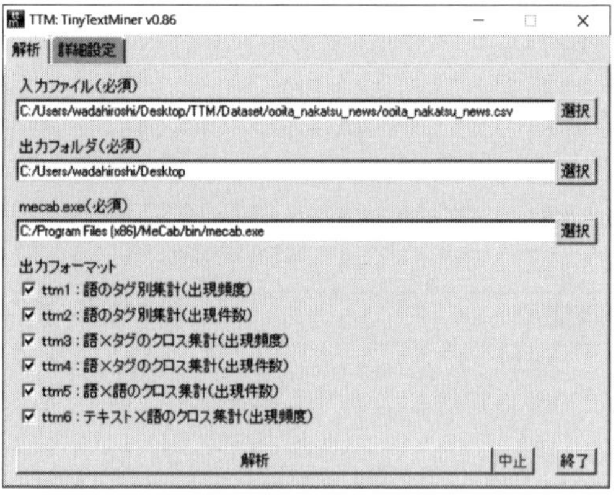

図5-18 TTM

「入力ファイル」(解析させたい「csv形式」のデータファイル)を「選択ボタン」でクリックして指定します。

[2] 次に計算結果をどこに出力させるのかを、「出力フォルダ」を選択して指定します。

3つ目の「mecab.exe(必須)」はそのままでOKです。

[3] 後は、「出力フォーマット」のチェックボタンにすべて「レ点」を入れたら、「解析」ボタンをクリックすれば終わりです。

途中で、**図5-19**が出てきますが、気にする必要はなく、最後までそのままでかまいません。

図5-19　TTMの動作中画面

[4] 下の画面が「最終画面」です。

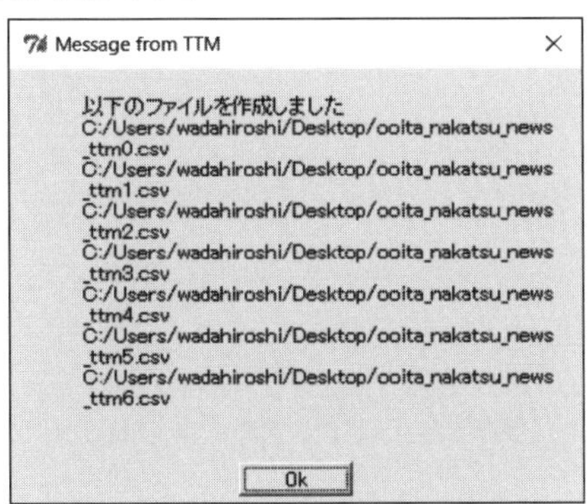

図5-20　「TTM」の計算終了時画面

この画面で「OK」ボタンを押すと、指定した「出力フォルダ」に、結果が出力されます。

図5-21が計算結果のExcelの「csv形式」で出力された結果です。

ヨコの**1行目**に「形態素」、**2行目**に「名詞」「動詞」などの判別、**3行目**では「名詞」が複合なのかなどの判別で、その下に出現頻度が出力されます。

	A	B	C	D	E	F	G	H	I	J	K	L	M
1		する	土砂	県	大分|県|中	捜索	現場	住宅	よる	確認	住民	なる	埋ま
2		動詞	名詞	名詞	複合名詞	名詞	名詞	名詞	動詞	名詞	名詞	動詞	動詞
3		自立	一般	一般	複合名詞	サ変接続	一般	一般	自立	サ変接続	一般	自立	自立
4	１１日午前３時４０	1	1	0	1	0	0	1	0	0	0	0	
5	県などによると、３	2	0	2	0	0	1	0	1	1	0	1	
6	１１日午前３時４０	1	1	2	1	0	0	1	1	1	1	0	
7	県によると、現場は	3	1	1	0	1	1	0	1	0	0	1	
8	大分県中津市耶馬渓	2	1	0	0	0	0	0	0	1	0	0	
9	大分地方気象台によ	3	0	0	0	0	0	0	1	1	0	0	
10	寝静まる小さな集落	2	2	0	1	1	0	0	0	0	1	0	
11	現場は１０棟に満た	1	1	0	0	0	1	0	0	0	0	0	
12	大分県中津市耶馬渓	2	1	0	1	1	1	1	0	0	1	1	
13	捜索は540人態勢で	1	1	0	0	1	0	1	0	0	0	0	

図5-21　「TTM」の結果出力画面（Excelの「csv形式」で出力される）

図5-22は、解析結果を別のファイルにして、「機械学習」「AI」化を行なうために「クラス」を与えたものです。

これは、「TTM」の結果を別に作る必要があります。

DQ	DR	DS	DT	DU	DV	DW	DX	DY	DZ	EA	EB	EC	ED	EE
捜索|用|重	巨岩	スギ	到着	無人	斜面|上部	現地	隊員	シャベル	スコップ	警察	説明	陸上|自衛	徹夜	クラス
0	0	0	0	0	0	0	0	0	0	0	0	0	0	読売新聞_1
0	0	0	0	0	0	0	1	0	0	0	0	1	0	読売新聞_2
0	0	0	0	0	0	0	0	0	0	0	0	0	0	朝日新聞_1
0	0	0	0	1	0	0	0	0	0	0	0	0	0	朝日新聞_2
0	0	0	0	0	0	0	0	0	0	0	0	0	0	毎日新聞_1
0	0	0	0	0	0	1	0	0	0	0	1	0	0	毎日新聞_2
1	0	0	1	0	0	0	0	0	1	0	0	0	0	産経新聞_1
0	0	1	0	0	0	0	0	0	0	0	0	0	0	産経新聞_2
0	0	0	0	0	1	0	0	0	0	1	0	0	1	日経新聞_1
0	1	0	0	0	0	0	0	1	0	0	0	0	0	日経新聞_2

図5-22　「機械学習」「AI」化のために作った新たなファイル

● 「Weka」で「機械学習」「AI」化を行なう

実際に、「機械学習」「AI」化を行なうためには、(a)「Weka」を使うか、(b)「Python」を使って自分でプログラムを作るか、(c)有償の「テキスト・マイニング」のソフトを使う必要があります。

ここでは(a)「Weka」を使います。

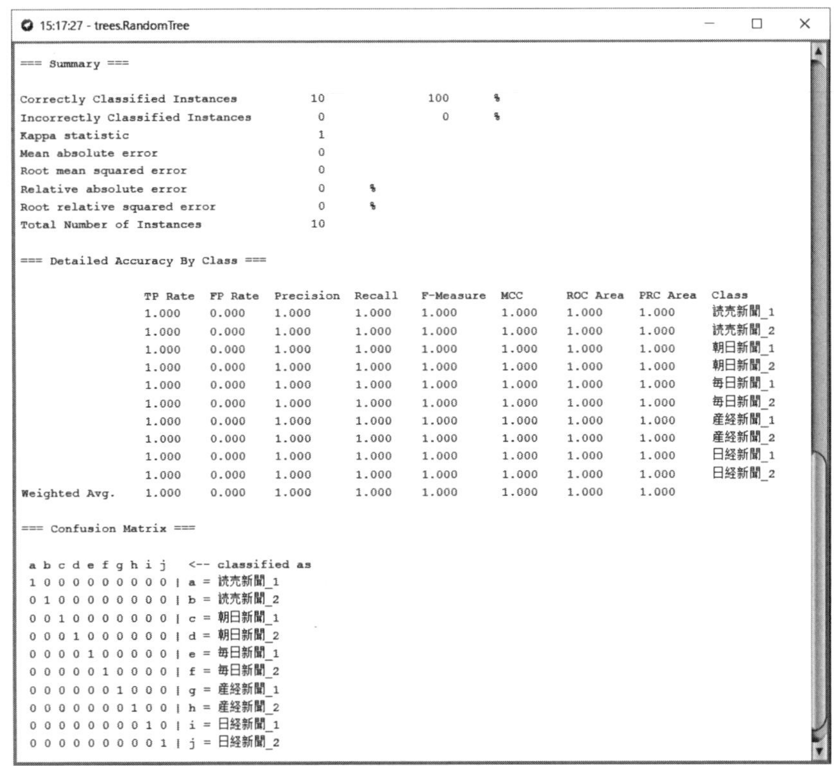

```
15:17:27 - trees.RandomTree

=== Summary ===

Correctly Classified Instances          10              100      %
Incorrectly Classified Instances         0                0      %
Kappa statistic                          1
Mean absolute error                      0
Root mean squared error                  0
Relative absolute error                  0      %
Root relative squared error              0      %
Total Number of Instances               10

=== Detailed Accuracy By Class ===

                 TP Rate  FP Rate  Precision  Recall   F-Measure  MCC      ROC Area  PRC Area  Class
                 1.000    0.000    1.000      1.000    1.000      1.000    1.000     1.000     読売新聞_1
                 1.000    0.000    1.000      1.000    1.000      1.000    1.000     1.000     読売新聞_2
                 1.000    0.000    1.000      1.000    1.000      1.000    1.000     1.000     朝日新聞_1
                 1.000    0.000    1.000      1.000    1.000      1.000    1.000     1.000     朝日新聞_2
                 1.000    0.000    1.000      1.000    1.000      1.000    1.000     1.000     毎日新聞_1
                 1.000    0.000    1.000      1.000    1.000      1.000    1.000     1.000     毎日新聞_2
                 1.000    0.000    1.000      1.000    1.000      1.000    1.000     1.000     産経新聞_1
                 1.000    0.000    1.000      1.000    1.000      1.000    1.000     1.000     産経新聞_2
                 1.000    0.000    1.000      1.000    1.000      1.000    1.000     1.000     日経新聞_1
                 1.000    0.000    1.000      1.000    1.000      1.000    1.000     1.000     日経新聞_2
Weighted Avg.    1.000    0.000    1.000      1.000    1.000      1.000    1.000     1.000

=== Confusion Matrix ===

 a b c d e f g h i j   <-- classified as
 1 0 0 0 0 0 0 0 0 0 | a = 読売新聞_1
 0 1 0 0 0 0 0 0 0 0 | b = 読売新聞_2
 0 0 1 0 0 0 0 0 0 0 | c = 朝日新聞_1
 0 0 0 1 0 0 0 0 0 0 | d = 朝日新聞_2
 0 0 0 0 1 0 0 0 0 0 | e = 毎日新聞_1
 0 0 0 0 0 1 0 0 0 0 | f = 毎日新聞_2
 0 0 0 0 0 0 1 0 0 0 | g = 産経新聞_1
 0 0 0 0 0 0 0 1 0 0 | h = 産経新聞_2
 0 0 0 0 0 0 0 0 1 0 | i = 日経新聞_1
 0 0 0 0 0 0 0 0 0 1 | j = 日経新聞_2
```

図5-23 「Weka」の「Random Tree」で行なった解析

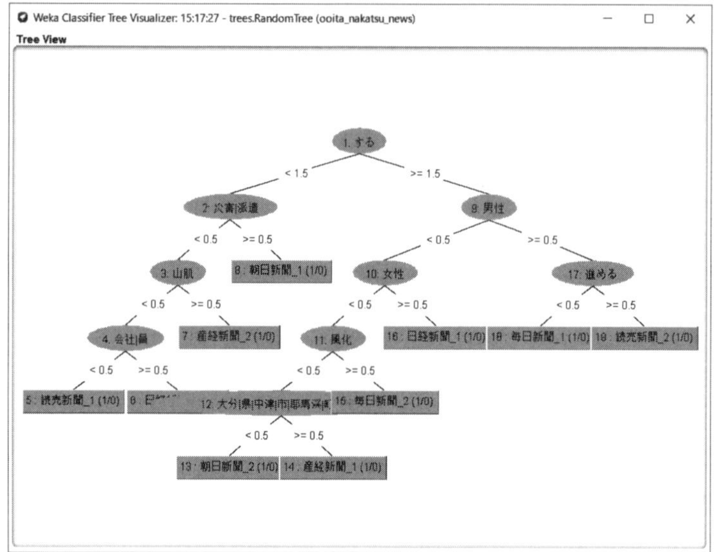

図5-24　「Weka」の「Random Tree」の決定木

図5-25は「Projection Plot」です。

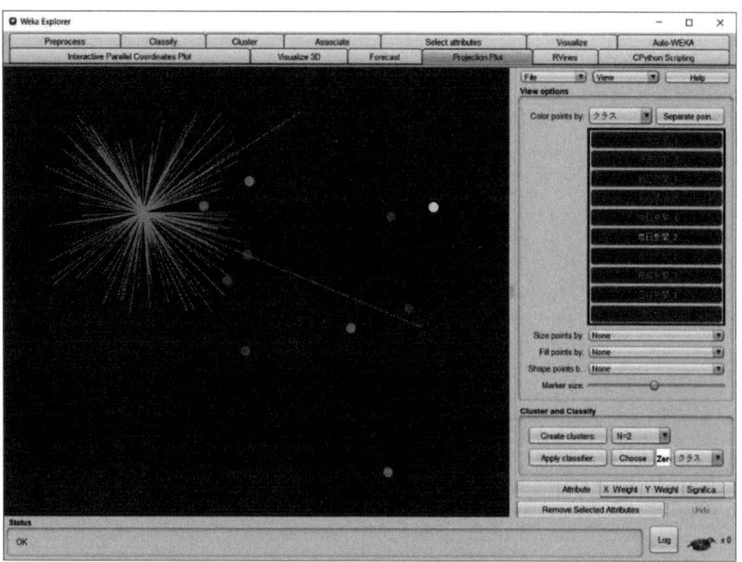

図5-25　「Projection Plot」(すべての変数が軸として表記される)

(注)「Weka」の操作方法は参考文献6を参照してください

「Projection Plot」は、たとえば、「味」「量」「値段」「サービスの良さ」などの変数を「軸線」で、「店舗1」「店舗2」などの「標本」(個体)は「ドット」(図5-25の点部分)で表現してくれます。

マウスでこの軸線の端部を「左ボタン」でつかんで動かすと、その軸線(変数)に関係が強いものは大きく、関係が弱い場合は小さく動きます。

対象の中から、「何が影響を与えているのか？」を探るには、かなり強力なツールになります。

もちろん、個々の影響度合いを数値で知るために、計算結果部分にも表示され、プログラムで影響量を探らせることを考えると、非常に便利です。

＊

「TTM」から「機械学習」「AI」化のための流れを解説してきました。

ここで示した方法以外に、「文書データ」や「数値・文字混在」の積算書のようなデータなどは「TTM」を使わず、直接「csv形式」のデータを作ってトライすることができます。

＊

また、言語データは「ビッグ・データ」化しやすくなります。

その場合に備えて、「Weka」で「ビッグ・データ」処理ができる「Arffファイル」について次に解説をします。

■ Arff ファイル(ビッグ・データ用)

「Arffファイル」は、「Weka」で「ビッグ・データ」を処理したいときに使うことができます。

通常のパソコンだと、Excelの「csv形式」は、PC環境にもよりますが、筆者のPCでは、**最大10,000行**です。

その上、うまくいく場合とそうでない場合があります。

それに対して「Arff形式」で作ったデータファイルは、さらに多くのデータを処理することができます。

実際の日常的な仕事で「機械学習」「AI」を行なうには、1000行くらいでも充分ではないかと思いますが、それでも実務ではかなり大変ではないかと思います。

＊

図5-26は「Arffファイル」の例で「癌再発の予測・評価」のモデルです。

「メモ帳」で作って、保存の際には、「ファイル名.arff」という拡張子にしてください。

「ファイル名.txt」ではありませんが、データにいろいろと手を加えることを考えれば、元データとして「txt形式」も保存しておくと便利です。

breast-cancer.arff - メモ帳

ファイル(F) 編集(E) 書式(O) 表示(V) ヘルプ(H)

```
@relation breast-cancer
@attribute age {'10-19','20-29','30-39','40-49','50-59','60-69','70-79','80-89','90-99'}
@attribute menopause {'lt40','ge40','premeno'}
@attribute tumor-size {'0-4','5-9','10-14','15-19','20-24','25-29','30-34','35-39','40-44','45-49','50-54','55-59'}
@attribute inv-nodes {'0-2','3-5','6-8','9-11','12-14','15-17','18-20','21-23','24-26','27-29','30-32','33-35','36-39'}
@attribute node-caps {'yes','no'}
@attribute deg-malig {'1','2','3'}
@attribute breast {'left','right'}
@attribute breast-quad {'left_up','left_low','right_up','right_low','central'}
@attribute 'irradiat' {'yes','no'}
@attribute 'Class' {'no-recurrence-events','recurrence-events'}
@data
'40-49','premeno','15-19','0-2','yes','3','right','left_up','no','recurrence-events'
'50-59','ge40','15-19','0-2','no','1','right','central','no','no-recurrence-events'
'50-59','ge40','35-39','0-2','no','2','left','left_low','no','recurrence-events'
'40-49','premeno','35-39','0-2','yes','3','right','left_low','yes','no-recurrence-events'
'40-49','premeno','30-34','3-5','yes','2','left','right_up','no','recurrence-events'
'50-59','premeno','25-29','3-5','no','2','right','left_up','yes','no-recurrence-events'
'50-59','ge40','40-44','0-2','no','3','left','left_up','no','no-recurrence-events'
'40-49','premeno','10-14','0-2','no','2','left','left_up','no','no-recurrence-events'
'40-49','premeno','0-4','0-2','no','2','right','right_low','no','no-recurrence-events'
'40-49','ge40','40-44','15-17','yes','2','right','left_up','yes','no-recurrence-events'
'50-59','premeno','25-29','0-2','no','2','left','left_low','no','no-recurrence-events'
'60-69','ge40','15-19','0-2','no','2','right','left_up','no','no-recurrence-events'
'50-59','ge40','30-34','0-2','no','1','right','central','no','no-recurrence-events'
'50-59','ge40','25-29','0-2','no','2','right','left_up','no','no-recurrence-events'
'40-49','premeno','25-29','0-2','no','2','left','left_low','yes','recurrence-events'
'30-39','premeno','20-24','0-2','no','3','left','central','no','no-recurrence-events'
'50-59','premeno','10-14','3-5','no','1','right','left_up','no','no-recurrence-events'
'60-69','ge40','15-19','0-2','no','2','right','left_up','no','no-recurrence-events'
'50-59','premeno','40-44','0-2','no','2','left','left_up','no','no-recurrence-events'
'50-59','ge40','20-24','0-2','no','3','left','left_up','no','no-recurrence-events'
'50-59','lt40','20-24','0-2',?,'1','left','left_low','no','recurrence-events'
'60-69','ge40','40-44','3-5','no','2','right','left_up','yes','no-recurrence-events'
'50-59','ge40','15-19','0-2','no','2','right','left_low','no','no-recurrence-events'
'40-49','premeno','10-14','0-2','no','1','right','left_up','no','no-recurrence-events'
'30-39','premeno','15-19','6-8','yes','3','left','left_low','yes','recurrence-events'
'50-59','ge40','20-24','3-5','yes','2','right','left_up','no','no-recurrence-events'
'50-59','ge40','10-14','0-2','no','2','right','left_low','no','no-recurrence-events'
'40-49','premeno','10-14','0-2','no','1','right','left_up','no','no-recurrence-events'
```

1行、1列　100%　Unix (LF)　UTF-8

図5-27 「メモ帳」で作った「Arffファイル」

■ データ作成で注意を要する、「偏差平方和」と「特異点近傍」の問題

●「偏差平方和」の問題

「機械学習」「AI」だけでなく、すべてのデータサイエンスでよく起こるミスが、“「偏差平方和」が「0」になるデータを知らずに入れて、なかなかそのエラーから抜け出せない”という問題です。

たとえば、**表5-3**のように、変数「2」では、データがすべて「3」になっています。

表5-3 「偏差平方和」が「0」になるデータ構造

Sample	変数1	変数2	変数3	・・・	変数m	class
標本1	・・・	3	・・・	・・・	・・・	a-type
標本2	・・・	3	・・・	・・・	・・・	b-type
標本3	・・・	3	・・・	・・・	・・・	c-type
・・・	・・・	・・・	・・・	・・・	・・・	・・・
標本n	・・・	3	・・・	・・・	・・・	x-type

このとき、分散は次式です。

$$\text{分散} = \frac{\sum_{i=1}^{n}(x_i - \bar{x})^2}{n}$$

この分散を求めるときに、**表5-3**では、(3－3＝0)になるので、結果として「すべてが0での割り算」が発生し、エラーが出力されます。

このように、データ入力の際に「すべてが同じ値のデータ」だと計算でエラーを起こすことを、「偏差平方和問題」と言います。

●「特異点近傍」の問題

「特異点近傍の問題」とは、次のようなものを指しています。

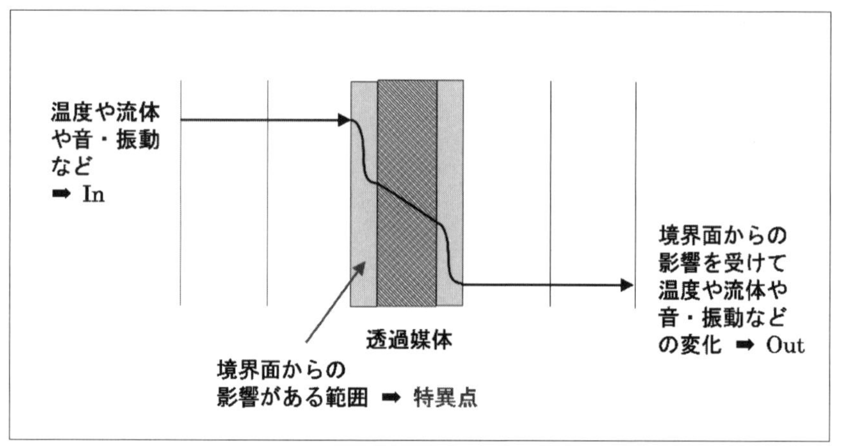

図5-27 「温度」「音」「流体」などが媒体を透過するときに起こる変化

図5-27で、「熱」「流体」(濃度など)、「音」「振動」などが、ある媒体を透過する際に、その媒体の「境界面」で起きる現象が「特異点近傍の変化」です。

たとえば、コンクリートなどの構造物があり、外気が「30℃」だと仮定したとき、そのコンクリート構造物のすぐそばに手をかざすと、「30℃」ではなく、もう少し低い(あるいは反射で熱い)温度を体感することができます。

このように、「温度」「音」「流体」などが対象の媒体自体に出入りするとき、ある変化が起きるのが、「特異点近傍での変化」です。

*

先の「偏差平方和問題」では、データがすべて同じになっている場合は、「偏差平方和が0」になり、計算ができなくなります。

そうかと言って、解析上、その媒体の「境界」の「解析値」も欲しいというのは当然のことです。

このようなときは、便宜上ですが、「0→0.01」などのように「ダミー値」を入れることで「偏差平方和」のエラーをなくすことができます。

■ 近接または混在分布データ構造を探る機械学習の「Support Vector Machine」

機械学習において、他のデータとの誤判別を避けるアルゴリズムでは、「**サポート・ベクター・マシン（SVM：Support Vector Machine）**」が「言語処理」や「音声認識」などで大きな威力を発揮しています。

「他のデータとの誤判別」とは、"データが混在して「a」というデータと「b」というデータの識別がしづらい"という問題です。

この問題の解決に大きな成果を挙げているのが、「SVMアルゴリズム」の「**margin最大化**」という手法です。

図5-28のように、「丸」と「三角」のデータとの間の「余白（margin）」を最大にとることで「データ識別率」をあげよう、という考えが「SVM」の「margin最大化」の核です。

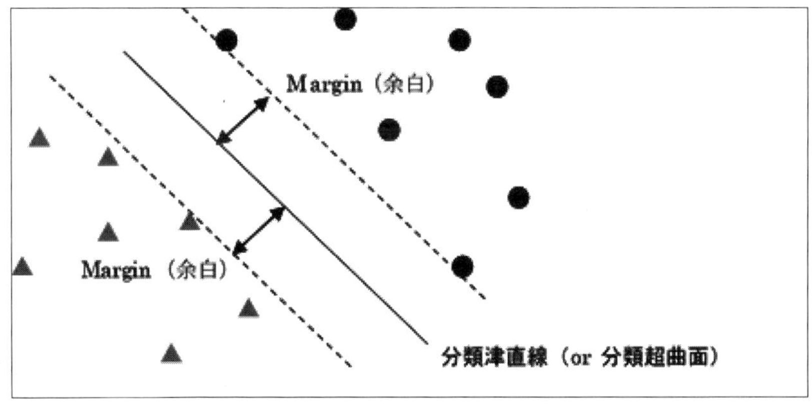

図5-28　「サポート・ベクター・マシン」（SVM）の「margin最大化」

図の三角と丸を分けている線を「**分類直線**（または**分類超曲面**）」と言います。

この式は、

$$y = \omega_0 + \sum_{i=1}^{n} \omega_i x_i = \omega_0 \, \omega^T x$$

と表わします。

ここでは「T」は「転置行列」です。

データの点が正しく分離された場合は、下のようになります。

$$y_i(\omega_0 + \omega^T x_i) > 0$$

■「Weka」の「SVM」で新聞記事を文書解析する

「Weka」の「SVM」を使って機械学習をさせてみます。

「Weka」では「SMO」です。

127: 現地 Numeric	128: 隊員 Numeric	129: シャベル Numeric	130: スコップ Numeric	131: 警察 Numeric	132: 説明 Numeric	133: 陸上|自衛隊 Numeric	134: 徹夜	135: クラス Nominal
0.0	0.0	0.0	0.0	0.0	0.0	0.0	0.0	読売新聞_1
0.0	1.0	0.0	0.0	0.0	0.0	1.0	0.0	読売新聞_2
0.0	0.0	0.0	0.0	0.0	0.0	0.0	0.0	朝日新聞_1
0.0	0.0	0.0	0.0	0.0	0.0	0.0	0.0	朝日新聞_2
0.0	0.0	0.0	0.0	0.0	0.0	0.0	0.0	毎日新聞_1
1.0	0.0	0.0	0.0	0.0	1.0	0.0	0.0	毎日新聞_2
0.0	0.0	0.0	1.0	0.0	0.0	0.0	0.0	産経新聞_1
0.0	0.0	0.0	0.0	0.0	0.0	0.0	0.0	産経新聞_2
0.0	0.0	0.0	0.0	1.0	0.0	0.0	1.0	日経新聞_1
0.0	0.0	1.0	0.0	0.0	0.0	0.0	0.0	

Add instance　Undo　OK　Cancel

図5-29　大分中津土砂災害の新聞記事の「SVM」

データ量はあえて少ないものを使っていますが、「予測(評価)」させたのは、文書データの**図5-29**の最後の行です。

実際の教師データは「日経新聞2」なのですが、それは「学習データ」として与えられていないので、当然ですが、学習をしていないデータで「日経新聞2」にはなりません。

なぜ、あえてこの解析を行なったのかというと、“「予測(評価)」をさせたい「日経新聞2」は、すでにある「学習データ」のどれに最も近いか”を出すためです。

その結果、解析の答えでは、「読売新聞1」に近いという結果を出してくれました。

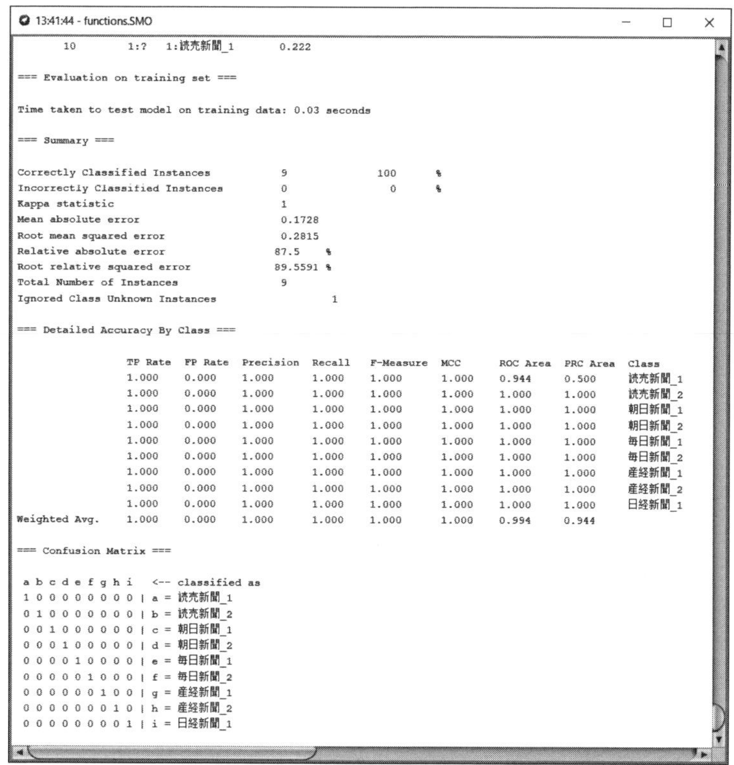

図5-30 「SVM」(Wekaでは「SMO」)による解析結果

つまり、新聞記事だけでなく「アンケート」などの自由記述データで、記述された文書のニュアンスが他のどのような記述者の文書と近いかなどを探る場合には、この手法を使ってみるのも手ではないでしょうか。

Column 「オートマトン」(Cellular Automaton：セル・オートマトン)

「言語処理」では、**「オートマトン」**(Automaton)と、その基本をなす**「マルコフ過程」**(Markov確率過程)とは切っても切れない関係にあります。

＊

オートマトンは、「ある状態が時間とともに変容する相互の関係」を時系列で捉えたものです。

たとえば、次のような時点での事象を「$a_{i,j}$」で表わします。

その**「時系列的なつながり」**(連鎖)は**図5-31**のように表現できます。

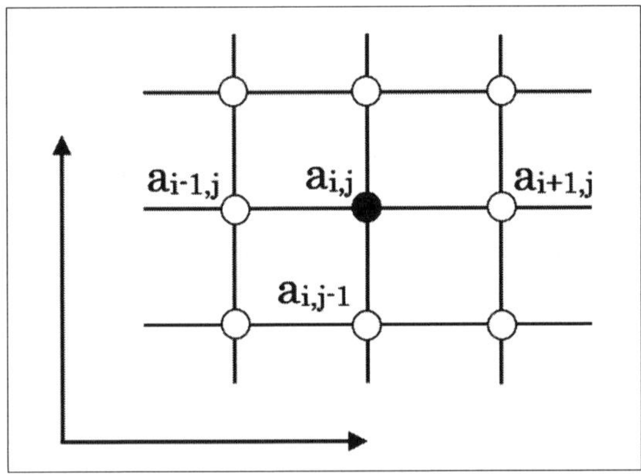

図5-31　ある対象をセルで分割した事象の状態空間

図5-31を２次元のモデルにしたものが次式です。

「i方向の１次元」で表記すると、

$$a_i|_{k+1} = f(a_{i-1}, a_i, a_{i+1})|_k$$

a：cellでここでは全部でセルが３つ

これを「iとjを時刻t=tk+1」で考えると、次のようになります。

$$a_{ij}{}^{tk+1}|_{k+1} = f\left(a_{ij}{}^{tk}, a_{i,j-1}{}^{tk}, a_{i-1,j}{}^{tk}, a_{i+1,j}{}^{tk}, a_{i,j+1}{}^{tk}\right)|_k$$

＊

ここで、１次元で考えたセルは３つですが、このセルの状態を「0か1」で表現するとしましょう。

つまり、1つのセルの中では、「0,0,0」から「1,1,1」までの組み合わせで「8」になります。

この「0」と「1」が入るパターンを「オートマトン」では「**ルール**」(rule)と呼んでいます。

その組み合わせは8通りで、入るデータは0と1の2つなので、「2^8=256通り」になります。

つまり、ルールの総数は「256」となります。

初期値は「0」か「1」です。

たとえば、ある組み合わせを想定する場合は「ルール36」などのように呼びます。

イメージしやすいように「k番目」と「k+1番目」の「ai」について表にしたものを挙げます。

表5-4 「セル・オートマトン」のk番目のルール

k番目	a_{i-1}, a_i, a_{i+1}	111	110	101	100	011	010	001	000
k+1番目	a_i	0	0	0	1	0	0	1	0

ここで、"「k+1番目」のセル「ai」の2進数で表記したルール"(cellのa値なので、ca値)は次のようになります。

ルール k+1番目の ca 値 =00010010

＊

このように、「言語処理」では出現する「語」の前後から、どのような関係を作り出しているのかを探って処理が行なわれています。

内容はかなり高度になりますが、フリーソフトウェアである程度「機械学習」「AI」に挑戦できるようになったら、次のステップとして「Python」などのプログラムにも目を向けて見るのもいいのではないかと思います。

■ 参考文献

1) Francois Chollet (巣籠悠輔 訳), 『PythonとKerasによるディープラーニング』, マイナビ, 22018.10.25.

2) Sebastian Raschka/Vahid Mirjalili, 『Python 機械学習プログラミング』, ㈱クイープ・福島真太朗監訳, インプレス, 2018.3.21.

3) 加藤紘一, 「機械学習のエッセンス」, SB Creative, 2018.11.30. (第二冊)

4) G.Nicolis・H.Prigogine, 『複雑性の探求』, みすず書房, 1998.5.15. (第6刷)

5) 巣籠悠輔, 『詳細 ディープラーニング (TensorFlow・Kerasによる時系列データ処理)』, マイナビ, 2019.2.1. (第9刷)

6) 和田尚之, 『機械学習コレクション Weka入門』, 工学社, 2019.8.30.

7) WEBSITE ; HTTPS://MIERUCA-AI.COM/AI/BI-GRAM_MARKOV_MODEL/

8) WEBSITE ; HTTPS://TAKU910.GITHUB.IO/CABOCHA/

9) WEBSITE ; HTTPS://MTMR.JP/TTM/

10) 小高知宏, 『Pythonによる数値計算とシミュレーション』, オーム社, H30.1.25.

第6章

音声処理

「音声処理」は、「音声信号」を分析して、ある特徴をもつ情報を取り出し、「合成」や「認識」を行なうことを指す、狭い意味での「音声認識」です。

「音声認識」は、人の声などをコンピュータに認識させることを指します。

本章では、「音声」のみならず、「音」を、「気体」「液体」「固体」などの「弾性体」を伝搬する「波」として捉えることで、応用の幅を広げることに焦点を合わせています。

また、こうした「音の波」を解析するために世界の多くの技術者や研究者が使っている、フリーソフト「Wavesurfer」の使い方も紹介します。

6-1 音という「波」

「画像処理」では、「空間周波数」という視点で「波の濃淡」から特徴の抽出を行ないましたが、「音」も同じように「波」である以上、「周波数」という考え方で捉えることができます。

■「音」のもとの波

「音」のもとである、「波」の動きのモデルを概観しておきましょう(**参考文献1、2**)。

「波」の進行方向を「x方向」とし、「時刻t」での変位を「u(x,t)」とします。
このときの「伝搬式」は、速度を「v」として、次のように記述できます。

$$u(x, \delta t) = f(x - v\delta t)$$

「δ t」を「t」に置換すると、次のような関数形になります。

$$u(x, t) = f(x - vt)$$

この波の関数は、「フーリエ変換」を用いて、次のような「周期的な波」に変換することができます。

$$Ae^{i(kx-\omega t)} = A\cos(kx - \omega t) + i\sin(kx - \omega t)$$

このときの「k」は、「**波数**」(wave number)です。

このように、「波」は、「sin波」と「cos波」によって表わすことができます。

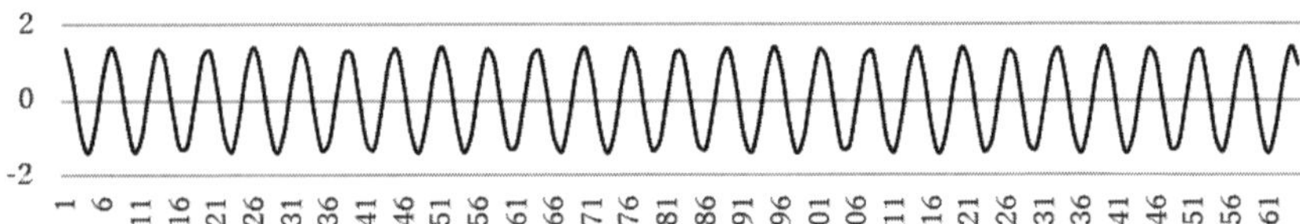

図6-1 Excelで作った「cos φ +i sin φ (φ =kx − ω t)」

＊

図6-2は、Web上にある著作権フリーのモーツァルトの楽曲「ウィーンのソナチネ 第1番 第4楽章」を、「Wavesurfer」（使い方などは後で解説）で「音の波形」として抽出したものです（公開されているサイトは次のURL）。

https://youtu.be/qeXdzriRzjQ

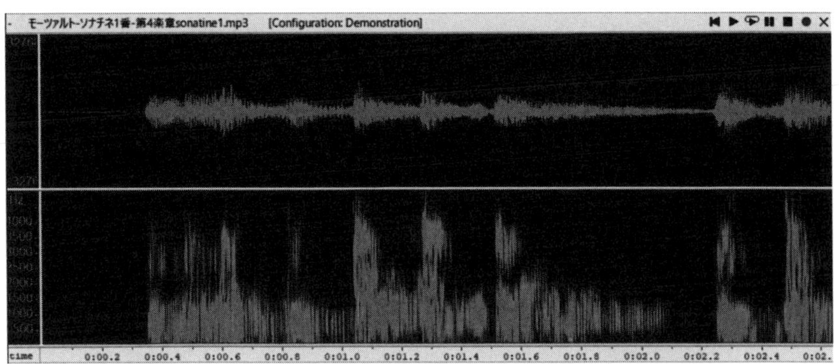

図6-2　モーツァルト「ウィーンのソナチネ 第1番 第4楽章」

図6-2の上部は「**コンフィギュレーション**」（Configuration：構成、形状）表示で、データの音の波形が表示されています。

下部は、周波数ごとの時間的な変化を示す波形です。

このように、「音」は「波形」をもっているので、この「波形」に目をつければ、対象の「音声」「音響」などの「音の特徴」を抽出することができます。

言い換えれば、「波」に目をつける、ということです。

■ 知っておくと応用性が広がる、「時間領域」と「周波数領域」

この章は、「音声処理」という章タイトルですが、「音」を「波」で捉えるのは、「音」の分野だけではありません。

＊

応用へのイメージを膨らませるために、**図6-3**に株価変動の変化の「波」を示します。

図の上は「時間領域」の変動で、下は一般的な「周波数領域」の変動です。

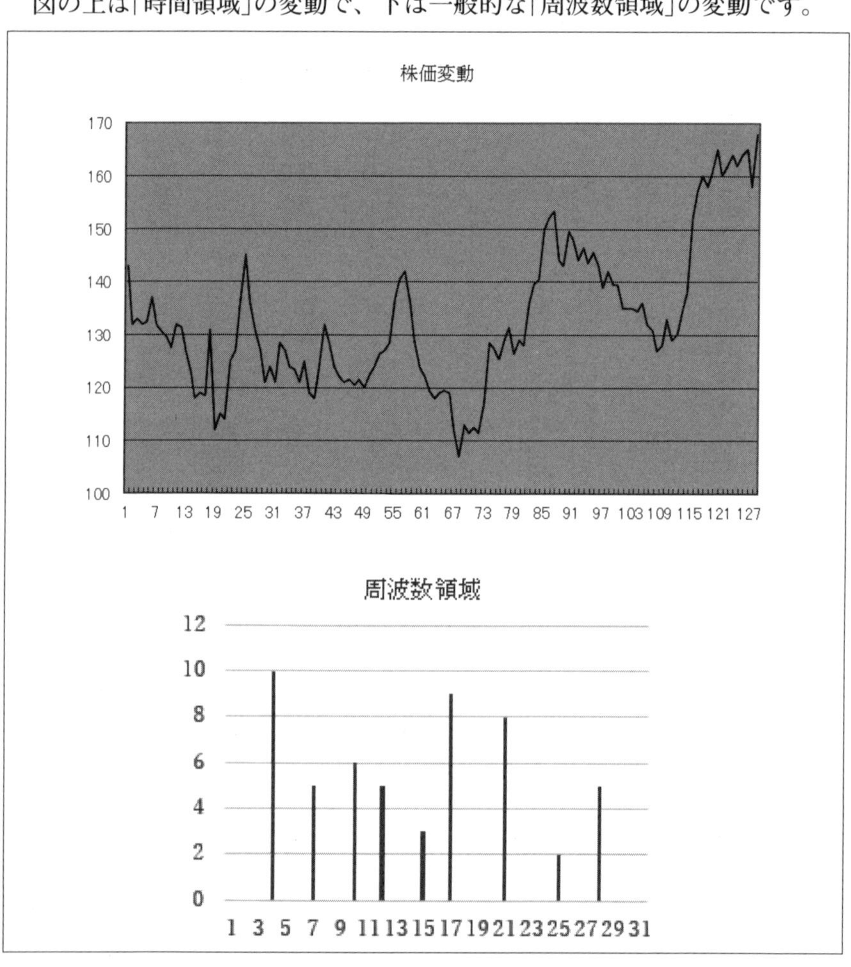

図6-3 T社の「過去の株価変動」(上)と一般的な「周波数領域」の波形(下)

この**図6-3**の上図から下図へ変えるのが「**フーリエ(Fourier)変換**」で、下図から上図に変えるのが「フーリエ逆変換」です。

＊

上の「時間領域の変動」は、「株価」「交通量」「地震」「津波」「気象」「道路振動」「湖水の酸素濃度」「橋梁への繰り返し振動」「河川の流量変化」など、多くの現象や事象で見られる「**挙動**」(「変化」「変動」「ふるまい」「振動」などとも呼ぶ)です。

これに対して、「周波数領域の変動」は、ある大きさのエネルギーが与えられた「パルス信号」などに見られるもので、エネルギーの大きさがどの周波数でどのくらいだったのかを把握するためには、とても便利な指標です。

＊

少々数式が出てきて恐縮ですが、「フーリエ変換」はとても重要な手法なので、その概念のイメージを記載しておきます。

＊

「フーリエ変換」には「線形性」がありますが、それは、次のように考えることができます。

理解を容易にするために、「t」と「x」を用いて解説します。

「挙動」「変動」「振舞い」などの変化の状態は、「**波形**」という考え方で捉えることができました。

この波形は、

$$x(t) = a_1x_1(t) + a_2x_2(t)$$

として、「複数の波」によって合成されていると考えると、次のようになります。

時間領域

$$a_1x_1(t) + a_2x_2(t) + a_3x_3(t) + \cdots$$

Fourier 変換 ⬇  逆 Fourier 変換

$$a_1X_1(f) + a_2X_2(f) + a_3X_3(f) + \cdots$$

周波数領域（周波数スペクトル）

また、数式の展開はここでは割愛しますが、「フーリエ変換」には「対称性」という性質があります。

このため、Excelにもフーリエ変換ができる「分析ツール」が実装されていますが、入れる際のデータの数は、「2,4,8,16,32,64,128……」と、「2^n」で入れるという制約があります。

■「音声処理」などの「波形解析」で重要な「窓関数」

「音の波」である「音波」を、「機械学習」「AI」で解いていくために必要となる、「音波・音声解析」ソフトウェアの「Wavesurfer」と、その中に出てくる「音波解析」では欠かせない、「**窓関数**」などの補助知識について解説します。

● 窓関数

「**窓関数**」とは、解析対象の区間に「窓」をかけることで、その選択対象外を「0」にすることができる関数のことです。

この関数を導入することで、解析対象の波形をフーリエ変換する際の、周波数の分解能力が高まることがすでに多くの研究で知られています。

そもそも、フーリエ変換にかけられる「周期性をもつ関数」は「sin波」「cos波」を合成することで表現でき、その意義は、一般的に「$-\infty<x<\infty$」がその解析対象であることが前提になっていました。

*

「周期性をもつ」ということは、ある範囲で波の「周期特性」を抽出することができれば、それ以外の範囲は同じことの繰り返しになるので、取り上げる意味がありません。

このときに、余分な範囲をカットすることで、特徴の抽出を容易にすることができます。

そういう意味で、「窓関数」は、波形の変換を行なう際には重要な道具なのです。

*

「**窓関数(Window function)**」のイメージを概観してみましょう。

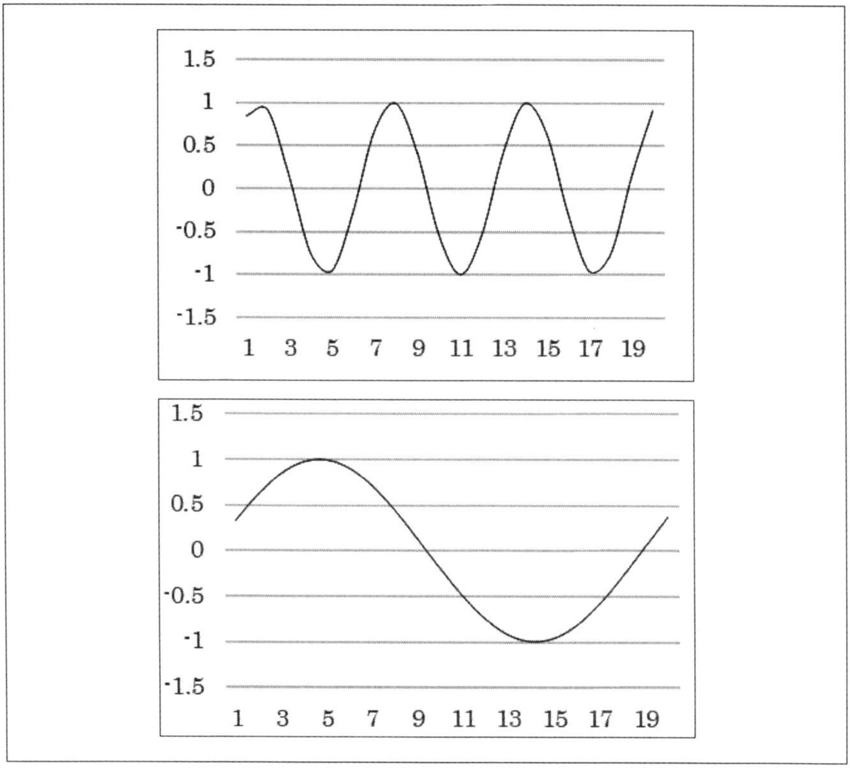

図6-4　「sin波」(上)、窓関数の一つを「sin(x/3)」としたもの(下)

図6-4の上と下を掛け合わせたもの(積)が、**図6-5**です。

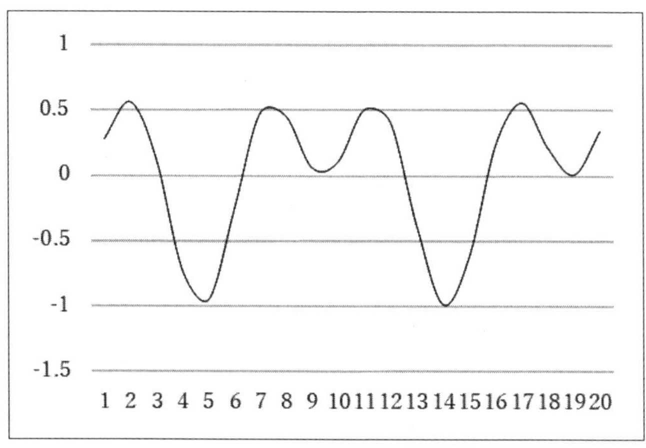

図6-5　「sin波形」に「sin(x/3)」の「窓関数」を掛け合わせたもの

「窓関数」には非常に多くの関数がありますが、要点は、もとの波形に「窓関数」を掛け合わせることで、"「波形」の「特徴」をクローズアップして抽出しやすくする"ことに他なりません。

「関数f(x)」と「関数(x)」の積は、「(ω f)(x) = ω (x)f(x)」の形をとり、「ω (x)」を「窓関数」と言います。

$$\hat{f}(\omega\,\xi) = \hat{f}\omega * \hat{f}\xi$$

ξは変換後のxの値

この窓関数はフーリエ変換の積を取ることから、「**畳み込み**」とも呼ばれています。

この手法は「音声の圧縮」などに使われています。
いわゆる「フィルタ」を掛ける、という意味です。

＊

「窓関数」には、次のようなものが多く使われているので、概要のみ紹介しておきます。

---

①矩形窓(「Rectangular window」または「方形窓」)

理論的には「**周波数分解能力**」が高い。

$$\omega(x) = 1 \quad , if \;\; 0 \le x \le 1$$

②Gaussian窓(Gaussian window)

「ウェーブレット変換」に使われる。

$$\omega(x) = \exp\left(-\frac{x^2}{\sigma^2}\right)$$

③Hann窓(Hann window)

一般的によく使われる。

$$\omega(x) = 0.5 - 0.5\cos 2\pi x \quad , if \;\; 0 \le x \le 1$$

④Hamming窓(Hamming window)

レンジ幅が狭い。

$$\omega(x) = 0.54 - 0.46\cos 2\pi x \quad ,if\ \ 0 \le x \le 1$$

⑤Blackman窓(Blackman window)

レンジ幅が広く、よく使われる。

$$\omega(x) = 0.42 - 0.5\cos 2\pi x + 0.08\cos 4\pi x \quad ,if\ \ 0 \le x \le 1$$

⑥Kaiser窓(Kaiser-Bessel window)

デジタル信号処理に利用。

$$\omega(x) = \frac{I_0\left\{\pi\alpha\sqrt{1-(2x-1)^2}\right\}}{I_0(\pi\alpha)} \quad ,if\ \ 0 \le k \le 1 \quad k:\text{離散化で使う}$$

⑦Bartlett窓(Bartlett window または三角窓;Triangular window)

ほぼ使わない。

$$\omega(x) = 1 - 2|x - 0.5| \quad ,if\ \ 0 \le x \le 1$$

⑧指数窓(Exponential window)

「エコー検出」や「時間非対称問題」などに利用。

$$\omega(x) = \exp\frac{x}{T} \quad ,if\ \ x \le 0$$

実際には、ここに掲載した以外にも多くの「窓関数」が知られています。

次節では、音声処理には欠かせない「音声解析ソフト」の「Wavesurfer」と、その使い方について解説していきます。

Column 音は曲がる!?

意外かもしれませんが、「音」は曲がります。
そして実は、「光」も曲がります。

光が曲がることは、アインシュタインが「相対性理論」の構築時にすでに予想していました。
ここでは「光」ではなく「音」を主題にしているので、音が曲がることを少し解説しておいたほうが、後々、「弾性波探査」などの応用では役に立ちます。

*

「音」は媒質である「気体」(たとえば空気)を伝搬する際に、その「媒質」が振動することで空気の圧力の高低差によって伝搬していきます。

この節では「フーリエ変換」が出てきましたが、振動は「sin」「cos」によって記述することができます。
言い換えれば、「sin」「cos」は「波」なので、当然、その波によって振動の強弱が発生してきます。

*

波をよく観察すると、「山」と「谷」があります。
この「山」が伝搬する際に、媒質中に圧力が生じ、「ドミノ倒し」のように波が伝搬していきます。
この圧力の変化量を「音圧」と呼んでいます。
図6-6は、音源が「空中」にあるときの「音の屈折」です。

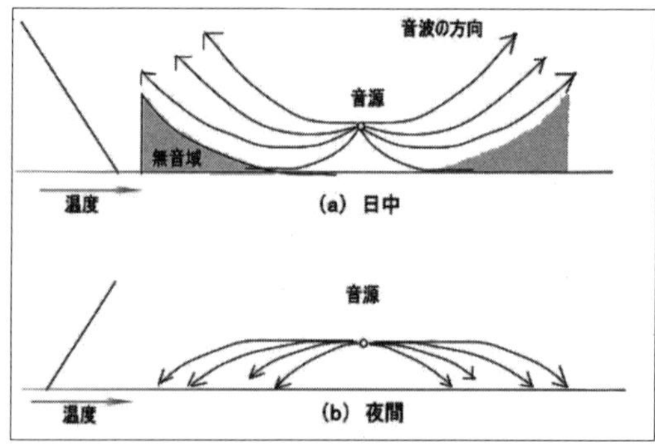

図6-6 音の屈折(出典 参考文献3)

この圧力変化は、「媒質」が異なるものを通る際に、伝搬する「波」が変化することで起こります。

つまり、「音」は曲がるのです。

＊

音にはこの曲がる現象があるために、遮蔽物(しゃへいぶつ)があっても「回り込み」(回折現象)が起きます。

音には、曲がる「**屈折**」と、回り込む「**回折**」という２つの現象があります。

身の回りの生活の中でも、**図6-6**の空中に音源がある場合だけでなく、「かなり遠くの鉄道の音が聞こえるけど、少し離れた近所では聞こえない」という現象が起きます。

これは、地表面の温度差によって音が「屈折現象」を起こすからです。

「高い温度」は音を「上へ」屈折させ、「低い温度」は音を「下へ」屈折させます。

「近くでは聞こえないが遠くでは聞こえる鉄道の音」は、「音が曲がる」ことに起因しているのです。

■参考文献

1) 日本音響学会編,『音のなんでも小辞典』, 講談社, 1996.12.20.

2) 山本雅博,「波動方程式」, 甲南大学理工学部機能分子化学科・Manuscript, 2012.3.26.

3) Website ; http://www006.upp.so-net.ne.jp/life-stage/sound-tewi/sound_tewi.html

6-2 Wavesurfer

「Wavesurfer」はスウェーデンの首都ストックホルムにある1877年設立の「スウェーデン王立工科大学」(スウェーデン語：Kungliga Tekniska Högskolan 略称「KTH」)によって作られた、「フリーソフト」です。

「KTH」は、スウェーデン全体の約20%の理工系教育と研究を担っていることで世界的にも知られています。

特に「Wavesurfer」は、多くの国の研究機関や大学などで使われている、「音声」に特化したソフトとして非常に高い実績を上げています。

■「Wavesurfer」のダウンロードとインストール

図6-7は、「KTH」の「Wavesurfer」のダウンロードができる画面です。

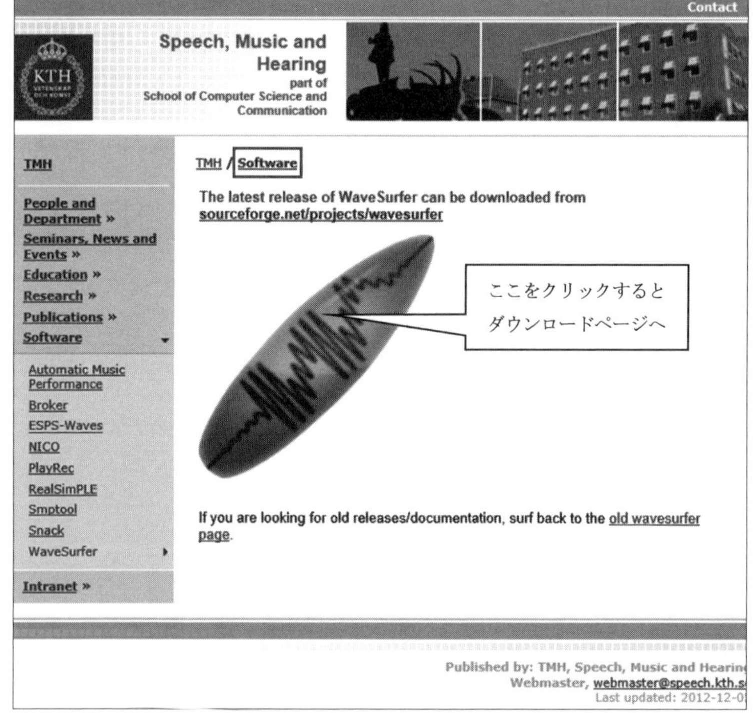

図6-7 KTHの「Wavesurfer」

(http://www.speech.kth.se/wavesurfer/)

図6-7の線で囲った「Software」をクリックすると、図6-8の画面になります。

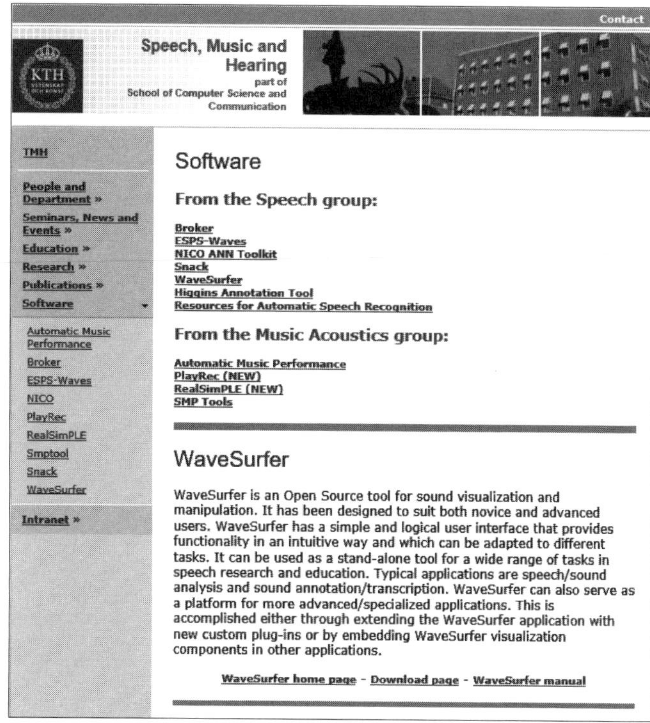

図6-8　「KTH」の「Wavesurfer」の次の画面

図6-9の画面からダウンロードを開始します。

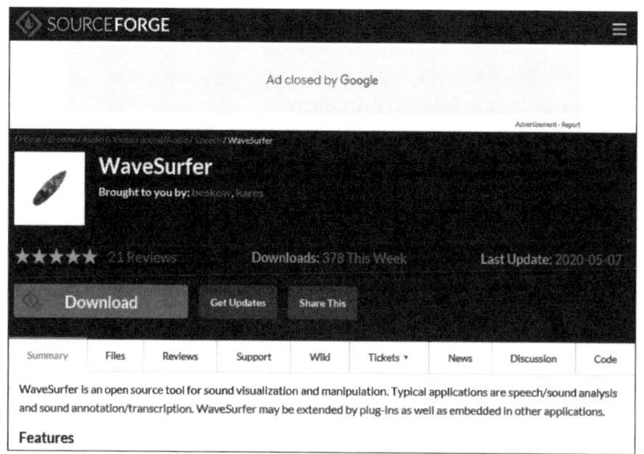

図6-9　「Wavesurfer」のダウンロード画面

手順 ファイルの読み込み

[1] ファイルは、「File」のプルダウンメニューから「Open」で開いて読み込みます。

「WaveSurfer」で読み込めるファイルは**図6-10**のとおりですが、「(*.mp3)」はWeb上で、無料の音楽サンプルとして提供されているものが多く、便利です。

また、音声認識の解析を行なう場合の録音は、「(*.wav)」が多くのパソコンで装備されているので、いろいろ試せるのではないでしょうか。

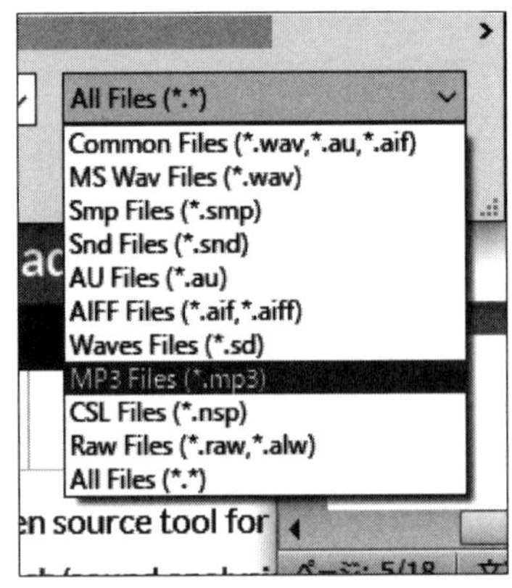

図6-10 Wavesurferで読めるファイルの種類

音楽や動画などは、近年著作権の問題が多く発生しています。

下は2020年7月時点のものですが、たとえば、

> クラシック名曲 サウンドライブラリー
> (Free License Classical Music MP3 Downloads)
> http://andotowa.quu.cc/

などには、(*.mp3)への変換ソフトが無料でついています。

[2] 無料の「Waveファイル」(*.mp3)があるので、それを試しに「Run」させます。

> ※音声をマイクで入力して保存する場合は、(*.wav)で保存します

＊

再生しましょう。

図6-11は、フリーの「Waveファイル」のモーツァルト「ソナチネ第1番第4楽章」を再生したものです。

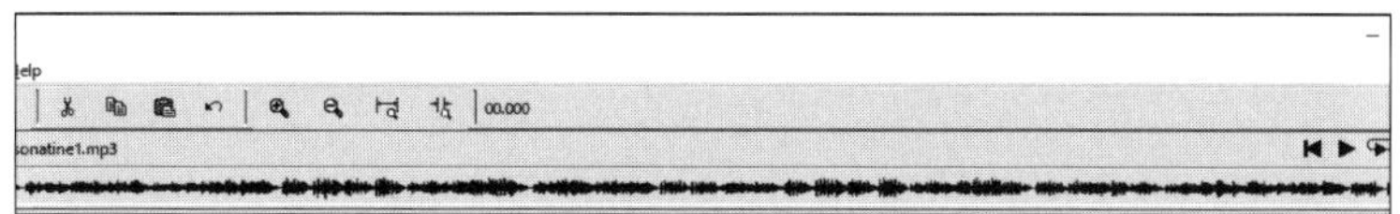

図6-11 「Wavesurfer」のメイン画面

[3]同時に[Choose Configuration](輪郭の意味です)が出てくるので、そこから[Demonstration]を選んで、[OK]ボタンをクリックします。

すると、**図6-12**のようになります。

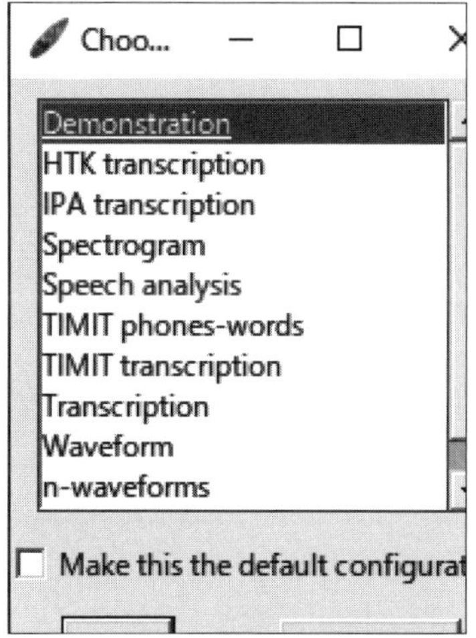

図6-12 「Wavesurfer」の次の画面

---

*

「Wavesurfer」には、さまざまな設定ができるように、多くのコントロール画面やボタンがあります。

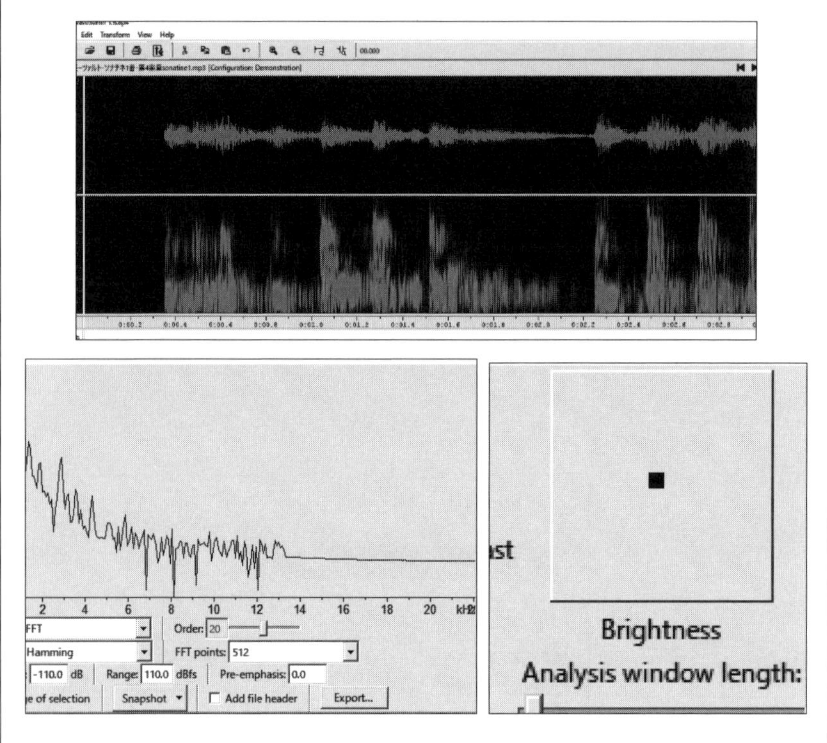

図6-13 「Wavesurfer」の設定画面

● 各種のボタン

[Analysis](解析)ボタン

・「FFT」(Fast Fourier Transfomulation:高速フーリエ変換)

「音データ」を「周波数」に変換するもの。

「高速フーリエ変換」は、変換過程を早める方法として使われることが多い手法の一つです。

・「LPC」(Linear Predictive Coding:線形予測符号化)

データになめらかさを出してくれます。

「線形予測符号化」とは、デジタル信号を「スペクトル」(いわゆる波形)で表わすときに使う手法の一つで、音解析では最も変換精度が高いと言われています。

[Window]ボタン(窓関数:Window Function)

代表的な窓関数では、「Hamming関数」、それと「Hanning(ハニング)関数」「Bartlett(バートレット)関数」「Blackman関数」「Ractangle(矩形)関数」の5つの関数があります。

音の解析では必ずこの「窓関数」が出てきます。

[Reference]ボックス

画面に表示される「音圧レベル」(dB:デシベル)の「縦軸の範囲」を変えるためのボックス。

[Range]ボックス

画面に表示される「帯域」(幅)です。

[Pre-emphasis]ボックス

画面で強調したい「音圧レベル」です(規定値は「0.0」になっています)。

[Average of selection]チェックボックス

データの中で平均的な波長を、画面に赤色で表示させることが可能です。

表示された波長は、[Average of selection]にチェックを入れ、右横の[Snapshot]ボタンを押すと「ファイル名」を出せます。

それを選択すると、**図6-14**のようにその瞬間の波長を表示させることができるのです。

波形を消すには、「Snapshot」の下[▼]ボタンの[clear]をクリックします。

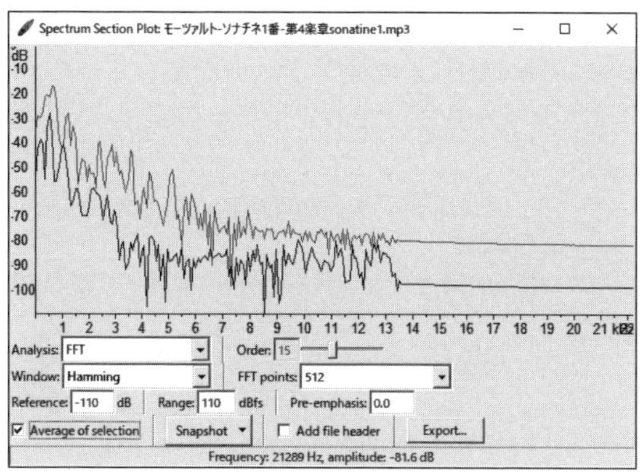

図6-14 「Avarage of selection」の設定

[FFT points]ボックス

画面に表示させたい「周波数帯域」。

規定値は「512」で、いわゆる「500Hz」(1秒間に500回の繰り返し周期)のことですが、その「波長表示」を変えることができます。

■「Wavesurfer」で解析したものをWekaで機械学習

それでは、いよいよモーツァルトを音声解析し、「Weka」で「機械学習」を行なってみましょう。

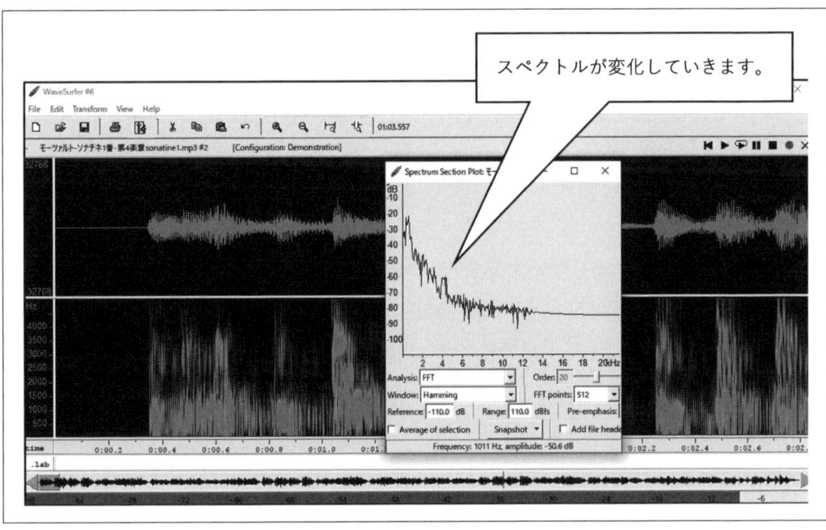

図6-15 「Avarage of selection」の設定

手 順 「Wavesurfer」から「Excel」にデータをもっていく

[1]「WaveSurfer」で[Export]→「(*.txt)ファイル形式」の「メモ帳」に保存。

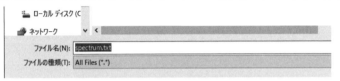

図6-16 「メモ帳」にデータを保存

[2]「Excel」で「(*.txt)」を「すべてのファイル」で開きます。

[3]「データ・タブ」の区切り位置の設定が出てくるので、ダイアログボックスの指示に従い、「(*.csv)形式」で保存。

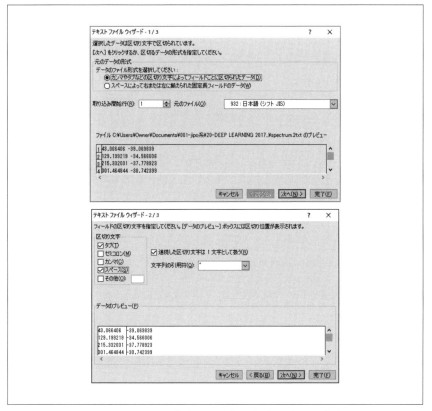

図6-17 Excelの「データ・タブ」で「区切り位置」を指定

[4] 区切り文字の[スペース]ボックスにチェックを入れます。

これで、「Excel」にデータができました。

このファイルを「(*.xlsx)形式」と「(*.csv)形式」で保存。

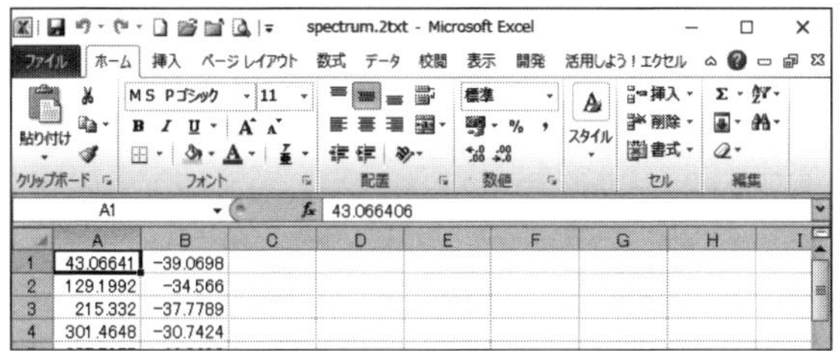

図6-18 「Excel」のファイルを開いたところ

手 順 データを解析して「Tree図」を作る

[1] データはそのまま「Weka」で開きます。

図6-19は「Weka」でデータを読み込んだところです。

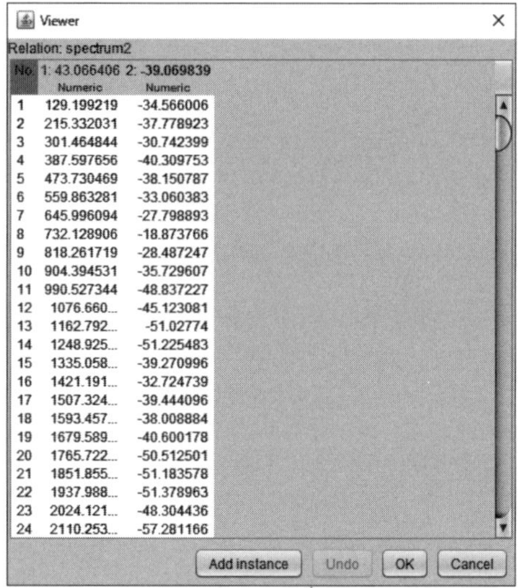

図6-19 「Weka」でファイルを読み込んだところ

[2] [Random Tree]で解析。

「Random Tree」は「Classify」タブの「trees」の中にあります。

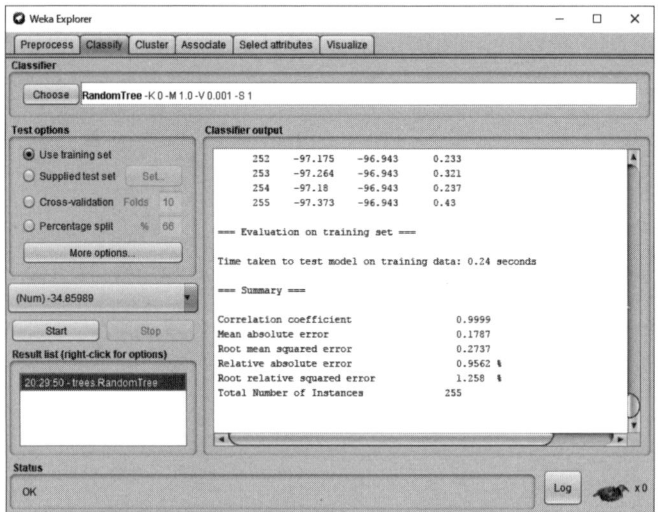

図6-20 「Weka」で計算した画面

図6-20の「Results」の部分を右クリック(実際の画面では「青く」表示される)。

[3]「Tree図」を作ります。

[Tree View]で[Fit to screen]を選び、[select font]をsize8にします。

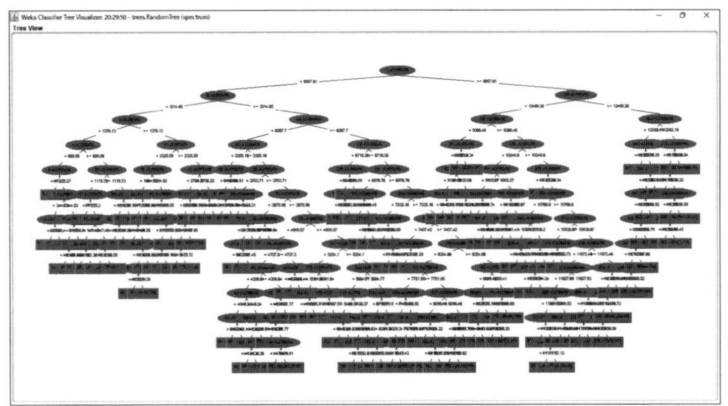

図6-21 「Weka」の「決定木」

「Tree図」(木構造)が出来ました。

＊

モーツァルトの「**ソナチネ第1番第4楽章**」の一部から、「Weka」の[Decision Tree]のアルゴリズムで作った「Tree図」(再掲)が**図6-22**です。

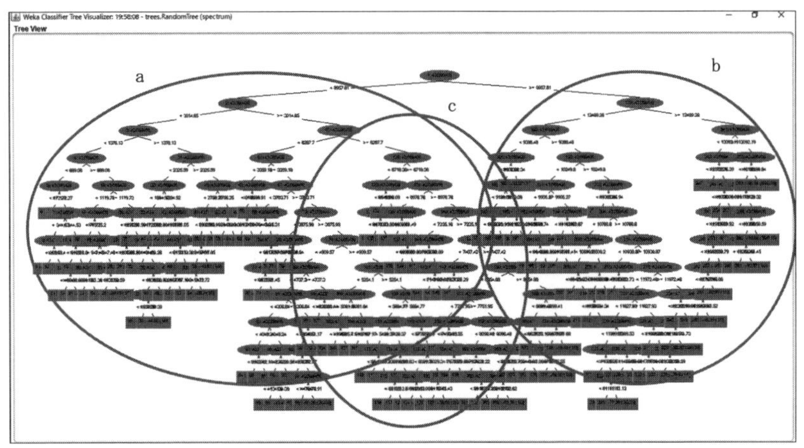

図6-22 「Weka」の「決定木」

「Tree図」では、「a」の多くの部分に「c」があることが分かります。

つまり、「a+c」と「b」の2つがあることを判別できるでしょうか。

＊

「ソナチネ」には「2つの主題」が組み込まれていますが、**図6-22**の決定木から、大別されている「a+c」と「b」がその「2つの主題」のようです。

＊

以上、ソナチネの「2つの主題」という点に視点をおいて、解析ができるかどうかを試みてみました。

＊

図6-22はかなり「楕円」（リーフ）の中が判別しにくいのですが、現在の「Weka」では詳細を確認する場合、**図6-23、24**のように「Auto scale」をクリックすると図全体を把握できるようになります。

かなり大きな画面になるので、画面をドラッグしてスクロールさせることで各部を見ることができます。

図6-23「Tree図」の設定の画面です。

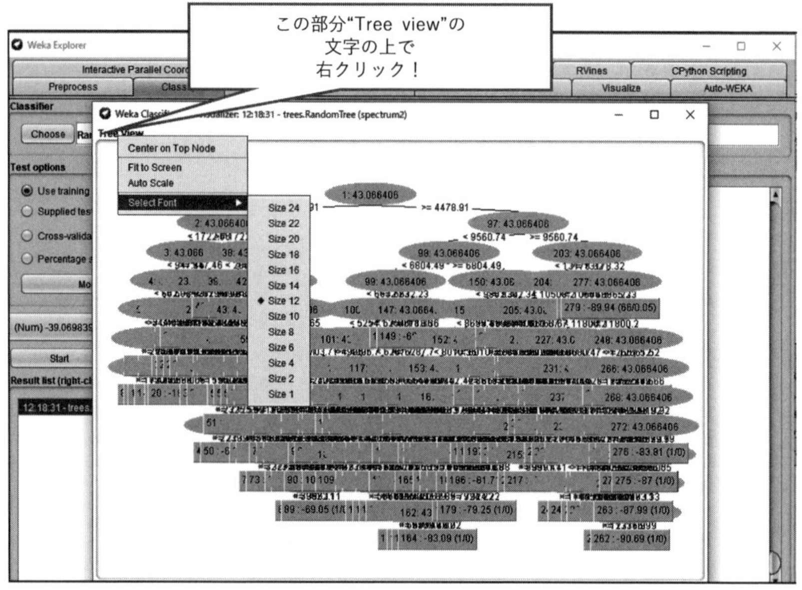

図6-23　決定木図の設定

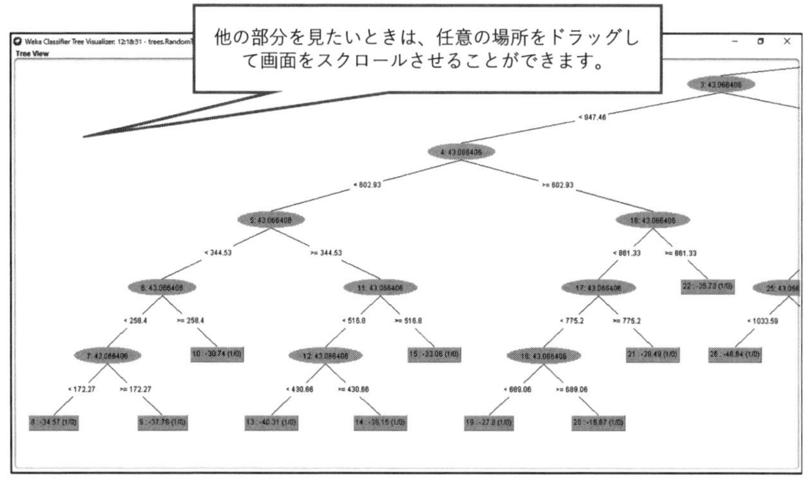

図6-24 決定木図のスクロールの方法

参考までに、「Wavesurfer」の主機能の「configratuon」の画面を掲載しておきます。

表6-1 「Wavesurfer」の「configuration」の機能の構成

Configratuon	用　途
Demonstration	デモ用。音声波形、スペクトログラム表示
HTK Transcription	HTKのTranscription(*.mlf)(認識結果)を、スペクトログラムとともに表示
IPA Transcription	IPAのTranscriptionを、スペクトログラムとともに表示
Spectorogram	スペクトログラムを表示
Speech analysis	音声波形、スペクトログラム、基本周波数を表示
TIMIT phones words	
TIMIT Transcription	TIMITのTranscription(*.phn)を、スペクトログラム、基本周波数とともに表示
Transcription	Transcription(*.lab)を、スペクトログラム、基本周波数とともに表示
Waveform	音声波形を表示
n-waveforms	音声波形を表示(複数チャンネルある場合、チャンネル毎に分割して表示)
standard	音声波形表示

■参考文献

1) 荒木雅弘，『フリーソフトでつくる音声認識システム』，森北出版，2017.4.11.（第2版第1刷）

2) 小川智哉監修，渋谷道雄・渡邊八一，『Excelで学ぶフーリエ変換』，オーム社，H19.2.20.

■注釈

本章中「窓関数」で「**ウェーブレット変換**（Wavelet Transformation）」というのが出てきましたが、これは「フーリエ変換」とどう違うのかを少し解説しておきます。

＊

一般的に、波形の中でも周期性をもつ「周波数解析」の場合は、「フーリエ変換」がよく使われています。

しかし、「フーリエ変換」は「時間領域」を「周波数領域」へ変換することが主たる機能なので、変換後は「時間領域の情報」が失われてしまいます。

そこで、「**ウェーブレット変換**」です。

＊

たとえば、「パルス信号」の情報で「ノイズ」をきれいに除去したいときには、「周波数」に合わせて「ウェーブレット」の幅を変化させることで、「時間領域」の情報を失わずに変換できます。

現在では、通信技術などに使われている手法です。

＊

具体的には、変換する際の「基底関数」に「Wavelet関数」を用います。

「$\hat{\psi}$」を「ψ」の「フーリエ変換」として、

$$C_\psi = 2\pi \int d\xi \, |\xi|^{-1} \left|\hat{\psi}(\xi)\right|^2 < \infty$$

という条件を満たす変換です。

「C_ψ」は「ウェーブレット変換」です。

6-3 音声処理

この節では、「音声認識」「文字データを使った画像認識」を「スペクトル」(Spectrum)解析によって、学習データを与え、「別な音声部分」をテストデータとしたときに、きちんと識別し、その「別な音声部分」が「どの音声(音)」なのかを判別するまでのやり方について解説します。

■ 音声の波形を「Wavesurfer」で処理

多くの市販のパソコンには、パソコンで動画や音楽を楽しむためヘッドホン用の「差し込み口」が付いています。

「音声レコーダー」のデータを「USBフラッシュメモリ」でパソコンへ送ってもかまいませんし、直接「音声マイク」でパソコンに入力してもできます。

図6-25はパソコンで録音した音声を「WaveSurfer」によってパソコン用のマイク付きヘッドホンから録音した「a,i,u,e,o (あ、い、う、え、お)」です。

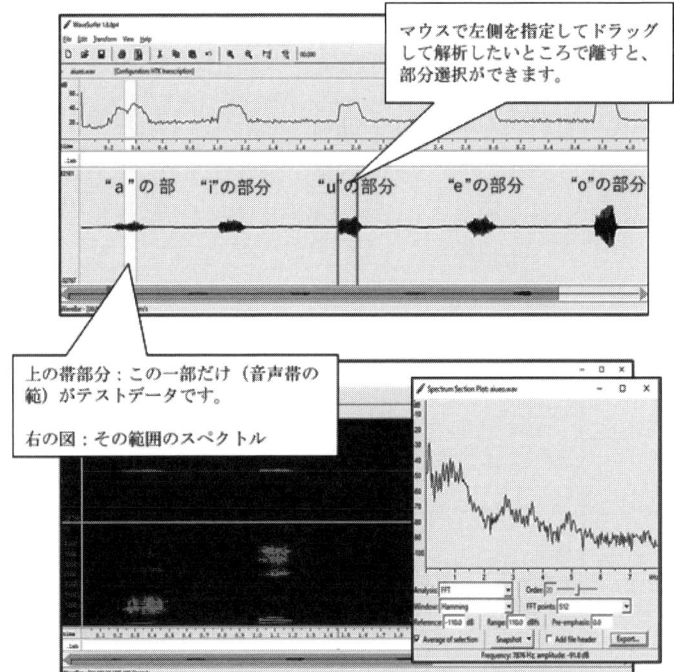

図6-25 「a,i,u,e,o(あ、い、う、え、お)」の解析結果

この「Wavesurfer」で解析した結果を、機械学習用ソフトの「Weka」で「音声認識」させてみましょう。

■「あ,い,う,え,お」の自分で録音した音声を機械学習で解く

「a」(あ)の部分を「予測」してみます。

予測結果が「a」(あ)と計算されれば、成功です。

*

「Weka」に「高速フーリエ変換」(FFT：Fast Fourier Transformulation)したデータをもってきたのが**図6-26**です。

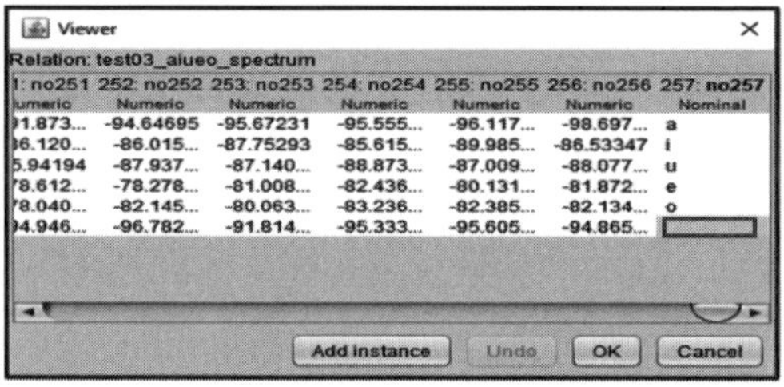

Viewer

Relation: test03_aiueo_spectrum

1: no251 Numeric	252: no252 Numeric	253: no253 Numeric	254: no254 Numeric	255: no255 Numeric	256: no256 Numeric	257: no257 Nominal
91.873...	-94.64695	-95.67231	-95.555...	-96.117...	-98.697...	a
86.120...	-86.015...	-87.75293	-85.615...	-89.985...	-86.53347	i
5.94194	-87.937...	-87.140...	-88.873...	-87.009...	-88.077...	u
78.612...	-78.278...	-81.008...	-82.436...	-80.131...	-81.872...	e
78.040...	-82.145...	-80.063...	-83.236...	-82.385...	-82.134...	o
94.946...	-96.782...	-91.814...	-95.333...	-95.605...	-94.865...	

Add instance　Undo　OK　Cancel

図6-26　Wekaでデータを読み込み、「Editorボタン」でデータを確認

枠線の中のグレーになっている部分が、Excelの「csv形式」で保存したときに「？マーク」を付けた、「予測したい箇所」です。

「MLP」(Multilayer Perceptron)で予測をしてみましょう。

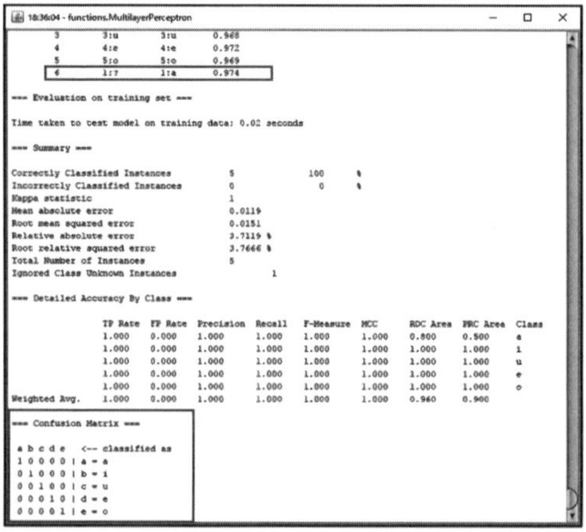

```
18:36:04 - functions.MultilayerPerceptron

     3        3:u        3:u        0.968
     4        4:e        4:e        0.972
     5        5:o        5:o        0.969
     6        1:?        1:a        0.974

=== Evaluation on training set ===

Time taken to test model on training data: 0.02 seconds

=== Summary ===

Correctly Classified Instances           5              100      %
Incorrectly Classified Instances         0                0      %
Kappa statistic                          1
Mean absolute error                      0.0119
Root mean squared error                  0.0151
Relative absolute error                  3.7119 %
Root relative squared error              3.7666 %
Total Number of Instances                5
Ignored Class Unknown Instances                   1

=== Detailed Accuracy By Class ===

                 TP Rate  FP Rate  Precision  Recall   F-Measure  MCC      ROC Area  PRC Area  Class
                 1.000    0.000    1.000      1.000    1.000      1.000    0.800     0.500     a
                 1.000    0.000    1.000      1.000    1.000      1.000    1.000     1.000     i
                 1.000    0.000    1.000      1.000    1.000      1.000    1.000     1.000     u
                 1.000    0.000    1.000      1.000    1.000      1.000    1.000     1.000     e
                 1.000    0.000    1.000      1.000    1.000      1.000    1.000     1.000     o
Weighted Avg.    1.000    0.000    1.000      1.000    1.000      1.000    0.960     0.900

=== Confusion Matrix ===

 a b c d e   <-- classified as
 1 0 0 0 0 | a = a
 0 1 0 0 0 | b = i
 0 0 1 0 0 | c = u
 0 0 0 1 0 | d = e
 0 0 0 0 1 | e = o
```

図6-27　Wekaの「MLP」(多層パーセプトロン)を使って解析した結果

結果は、「0.974」の正答率で「？→あ(a)」と評価(予測)されました。

*

図6-28のアルゴリズムは、[Naive Bayes]で「あ(a)」を予測させたものです。

また、[IBk](k-NN法)でも同じように識別できます。

もちろん他の「アルゴリズム」(手法)でも可能ですが、アルゴリズムによって精度が異なるので、どのアルゴリズムが最適か試行錯誤しているのが現状です。

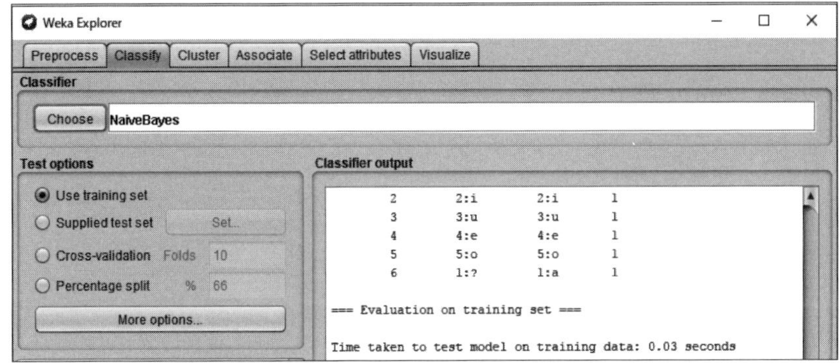

図6-28 「Naive Bayesアルゴリズム」で解析した結果

*

次に、[Random Tree]で「決定木」の木構造を作図してみます。

図6-29の分岐しているところに書かれている数値は、「音圧レベル」(dB)です。

「母音」(a,i,u,e,o)は、複雑な他の音が混ざり合っていないようです。

そして、「楕円」と「四角」の中は、「周波数」(kHz)のデータがある部位を指します。

「音圧レベル」と「周波数」から、特徴を抽出できることが分かりました。

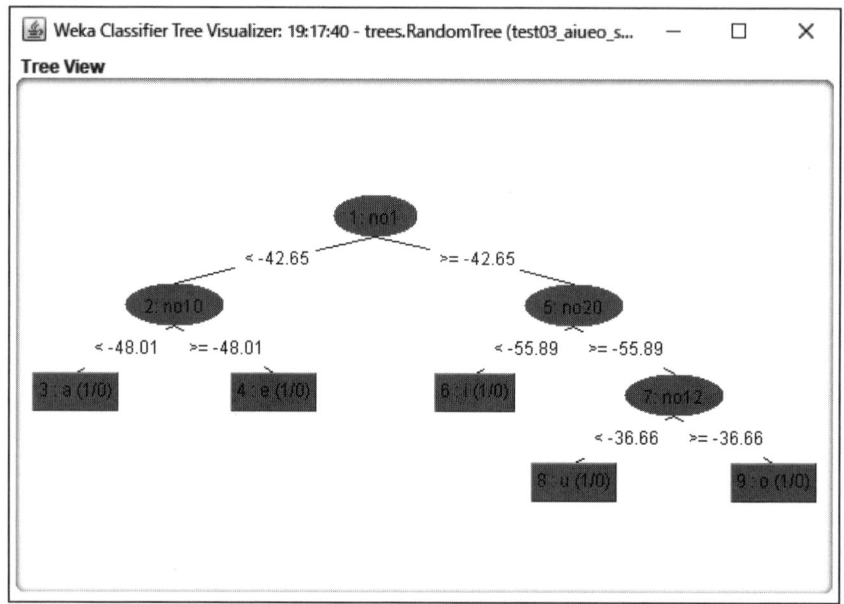

図6-29 「決定木」で解析した音声の分類の結果

■「文字画像」を音声と同じ考え方の「波形」で捉えて「応用」(MNIST)

すでに解説した「ImageJ」を使って、「音声処理」と同じ方法で、「手書き文字」の「識別予測」をしてみましょう。

＊

「画像処理」の復習をしながら、**図6-30**の画像のような数字のうち、右上の「1」を予測してみましょう。

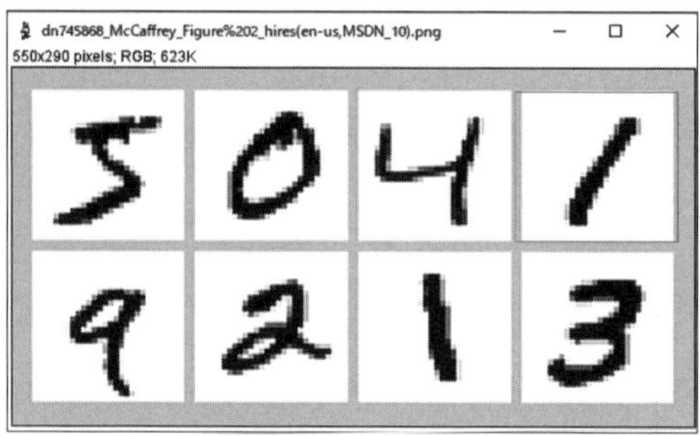

図6-30 サンプルデータ

「3」または「5」のようなデータ「0」、「4」、「9」、「2」、「1」、「3」を「学習データ」として扱います。

このデータは、「Python」でよく使われる「mnist」というデータから抜粋したものです。

「MNIST」(またはmnist)は「Mixed National Institute of Standards and Technology」の略です。

手書き文字を学習させるために公開されている「データ・セット」で、ソースコードを入れる「Python」の「画像認識」では頻繁に出てくる「データ・セット」として知られています。

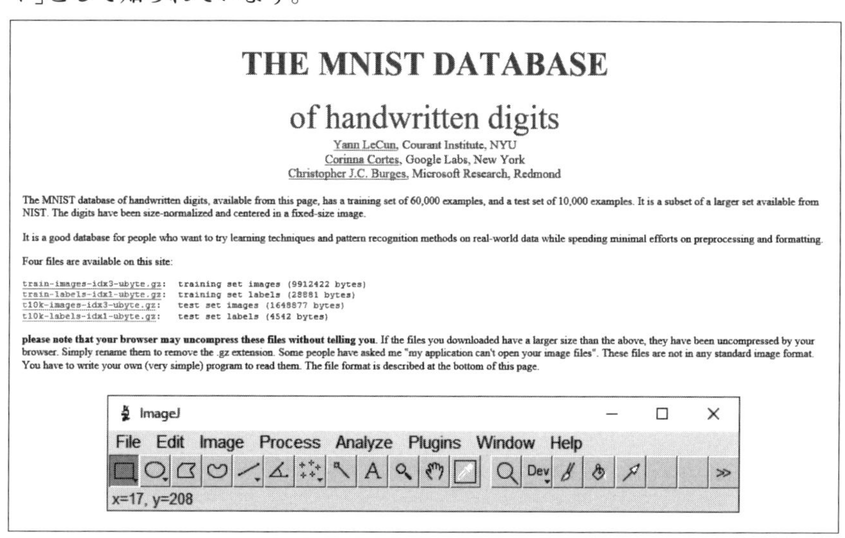

図6-31 上から「MNIST」と「ImageJ」

各データを一つずつ選択し、「画像ソフト」の「ImageJ」から[Analyze]→[Plot Profile]で**図6-32**上のようにグラフ化します。

そして[List]ボタンを押すと**図6-32**下の数値データが出てくるので、「(*.csv)形式」ファイルでExcelに保存します。

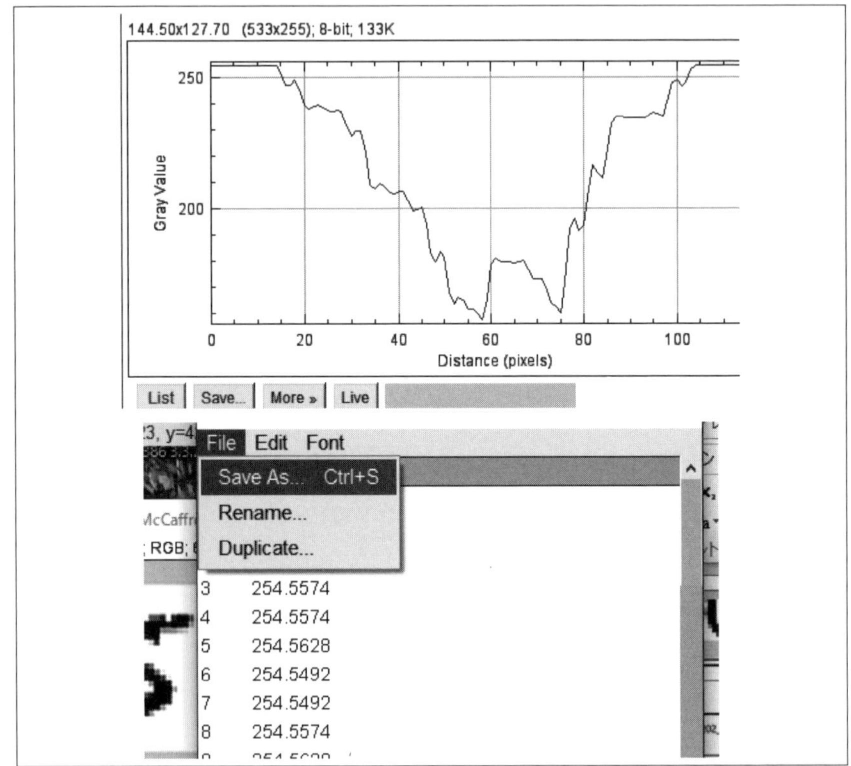

図6-32 「ImageJ」の「グレー・スケール」で図示

図6-33左上は、「9」を選んだところです(四隅に小さな選択点が出ています)。

各数字を**図6-33**の「9」のように選んで、データを順に取ります。

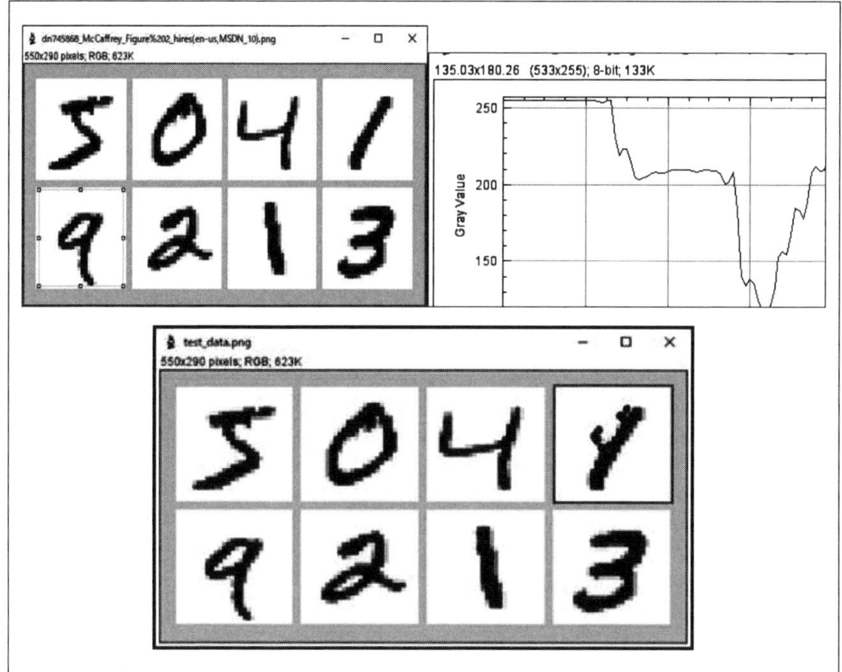

図6-33　左上が学習データ、右上はImageJの「グレー・スケール」の図示、下はテストデータ

図6-33の枠線の部分を、崩れた「1」に何かが付いた「1」とも「9」ともつかない、「なんだか分からない数字のようなもの」に変えてみました。

これが「1」と予測されればよいわけです。

データをすべて「Excel」へもっていきます。

Excelファイルを二つ開いて、他方に貼り付けると便利です。

その後で、いちばん下の「教師データ」部分（no_1などを記載した部分）の「行」を削除して、横並びをそろえます。

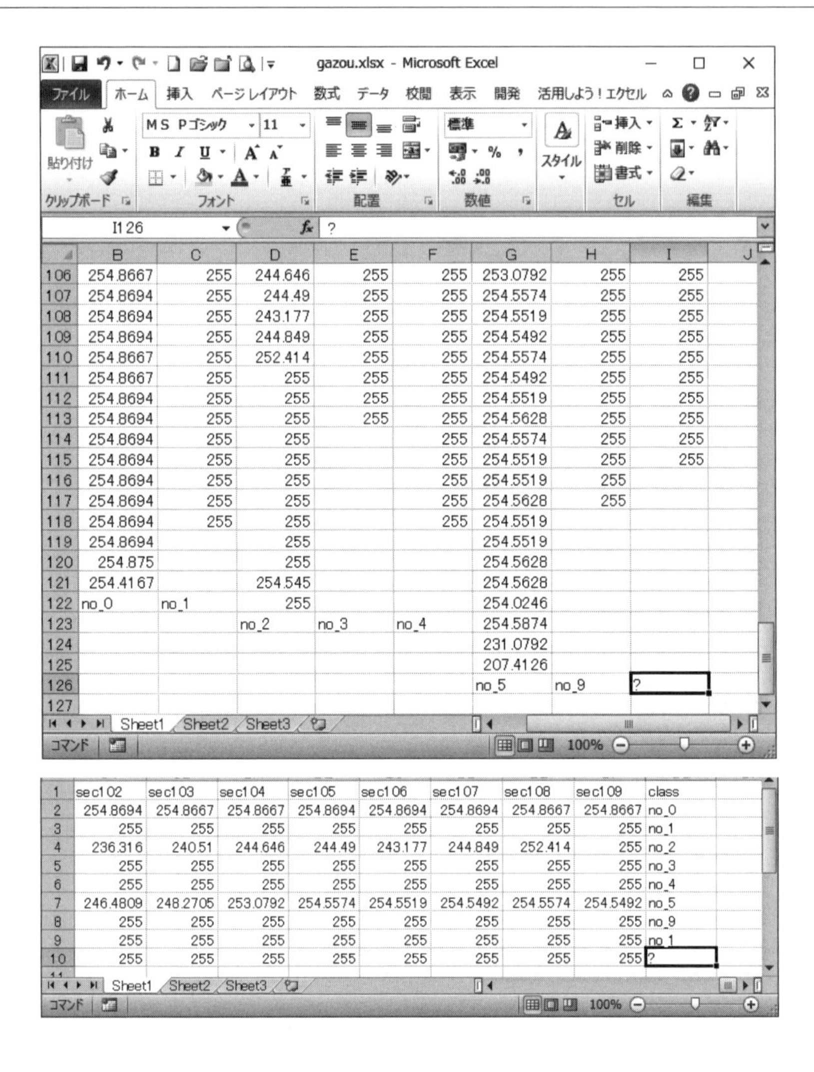

	B	C	D	E	F	G	H	I	J
106	254.8667	255	244.646	255	255	253.0792	255	255	
107	254.8694	255	244.49	255	255	254.5574	255	255	
108	254.8694	255	243.177	255	255	254.5519	255	255	
109	254.8694	255	244.849	255	255	254.5492	255	255	
110	254.8667	255	252.414	255	255	254.5574	255	255	
111	254.8667	255	255	255	255	254.5492	255	255	
112	254.8694	255	255	255	255	254.5519	255	255	
113	254.8694	255	255	255	255	254.5628	255	255	
114	254.8694	255	255		255	254.5574	255	255	
115	254.8694	255	255		255	254.5519	255	255	
116	254.8694	255	255		255	254.5519	255		
117	254.8694	255	255		255	254.5628	255		
118	254.8694	255	255		255	254.5519			
119	254.8694		255			254.5519			
120	254.875		255			254.5628			
121	254.4167		254.545			254.5628			
122	no_0	no_1	255			254.0246			
123			no_2	no_3	no_4	254.5874			
124						231.0792			
125						207.4126			
126						no_5	no_9	?	
127									

1	sec102	sec103	sec104	sec105	sec106	sec107	sec108	sec109	class
2	254.8694	254.8667	254.8667	254.8694	254.8694	254.8694	254.8667	254.8667	no_0
3	255	255	255	255	255	255	255	255	no_1
4	236.316	240.51	244.646	244.49	243.177	244.849	252.414	255	no_2
5	255	255	255	255	255	255	255	255	no_3
6	255	255	255	255	255	255	255	255	no_4
7	246.4809	248.2705	253.0792	254.5574	254.5519	254.5492	254.5574	254.5492	no_5
8	255	255	255	255	255	255	255	255	no_9
9	255	255	255	255	255	255	255	255	no_1
10	255	255	255	255	255	255	255	255	?

図6-34　「上」が「ImageJ」から「Excel」へ貼り付けたデータ、
「下」が端部を切りそろえたデータ

データは「"切りそろえる"のがコツ」です。

Excelデータを選択し、[コピー]→[形式を選択して貼り付け]ます。

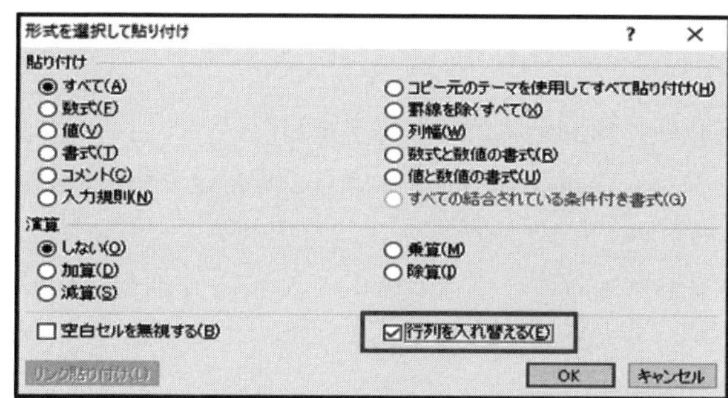

図6-35 「Excel」の「形式選択して貼り付けの画面」

図6-36のようにデータを「横の行」(instance)、そして最後の列に「**教師データ**」(class)としてデータを入れます。

予測したいところを「?マーク」にするのがコツでした。

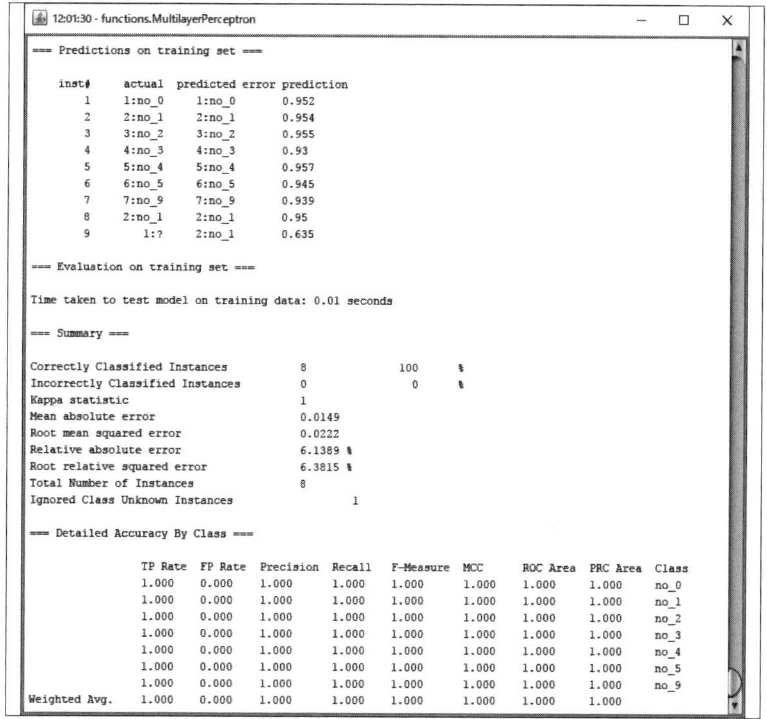


```
=== Predictions on training set ===

    inst#     actual  predicted error prediction
        1     1:no_0     1:no_0       0.952
        2     2:no_1     2:no_1       0.954
        3     3:no_2     3:no_2       0.955
        4     4:no_3     4:no_3       0.93
        5     5:no_4     5:no_4       0.957
        6     6:no_5     6:no_5       0.945
        7     7:no_9     7:no_9       0.939
        8     2:no_1     2:no_1       0.95
        9        1:?     2:no_1       0.635

=== Evaluation on training set ===

Time taken to test model on training data: 0.01 seconds

=== Summary ===

Correctly Classified Instances           8              100      %
Incorrectly Classified Instances         0                0      %
Kappa statistic                          1
Mean absolute error                      0.0149
Root mean squared error                  0.0222
Relative absolute error                  6.1389 %
Root relative squared error              6.3815 %
Total Number of Instances                8
Ignored Class Unknown Instances                  1

=== Detailed Accuracy By Class ===

                 TP Rate  FP Rate  Precision  Recall   F-Measure  MCC      ROC Area  PRC Area  Class
                 1.000    0.000    1.000      1.000    1.000      1.000    1.000     1.000     no_0
                 1.000    0.000    1.000      1.000    1.000      1.000    1.000     1.000     no_1
                 1.000    0.000    1.000      1.000    1.000      1.000    1.000     1.000     no_2
                 1.000    0.000    1.000      1.000    1.000      1.000    1.000     1.000     no_3
                 1.000    0.000    1.000      1.000    1.000      1.000    1.000     1.000     no_4
                 1.000    0.000    1.000      1.000    1.000      1.000    1.000     1.000     no_5
                 1.000    0.000    1.000      1.000    1.000      1.000    1.000     1.000     no_9
Weighted Avg.    1.000    0.000    1.000      1.000    1.000      1.000    1.000     1.000
```

図6-36 Wekaで手書き文字のデータを予測した結果

予測は「1」と出ました。

この実験は成功のようです。

＊

今回は、実験中に何回かエラーが起きました。

縦データを横にした後で加工したときに「Weka」でうまく読み込めないというエラーです。

その場合、初めから縦データをExcelシートに「行列を入れ替える」で横に貼り付けて再実行したら、うまくできました。

また、今回の実験は、非常に少ないテストデータで学習させた上に、「データに何らかの付着物などが付いてしまった」という前提で計算をさせたため、何回か「9」と認識してしまいました。

「MNIST」のように、多くの「学習用データ」があればこのような「誤認識」は少なくなっていきます。

しかし、データによっては「過学習」という現象が起こります。

「過学習」(overtrainnig)とは、"「学習したデータ」には正答できるが、「未学習のデータ」には誤答になる"状態のことです。

「過剰適合」や「過適合」(overfitting)とも呼ばれます。

「学習データ」の量が少なかったり、あるいはそれらの中にこれから解析させたいもののデータがほとんどなかったりする場合に起こります。

＊

また、同じデータであっても、使う「アルゴリズム」によって精度は異なります。

たとえば、「株価」のような「数値データ」の場合は、誤差は「○○円」となりますが、予測させたいものが、「売れる」(yes)か「売れない」(no)かのような場合は、わずかな誤差で「yes」のところが「no」になったりします。

今回の「文字データ」の画像認識での「1」なのか「9」なのかの場合も、上の「yes」か「no」かのような選択を迫られ、誤答することがあります。

図6-37の上は**[MLP]**による学習で、下は他のアルゴリズムで学習させたものです。

現在の機械学習では、「これなら絶対正答する」というアルゴリズムはありません。

多くの技術者や科学者が日夜試行錯誤を重ね、研究は今も加速度的に進められています。

こうした「過学習」や「誤答」を回避するために、すでにはっきりしている「学習データ」を使って「予測精度」の検証を行なってから、予測させたい新たな「テストデータ」を入れていくことが大切です。

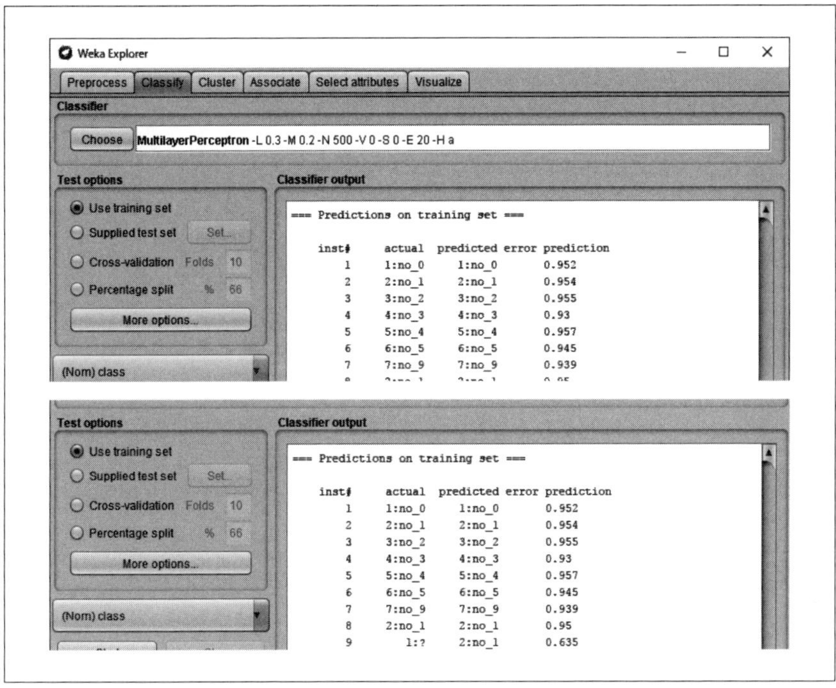

図6-37 上はWekaの「MLP」で予測した結果(予測結果は「1」)、下はWekaの他のアルゴリズムで予測した結果(予測結果は「9」)

参考までに、「SMO (サポート・ベクター・マシン)」、「IBk (k-NN法)」、「Bayes Net」、「J48」、「Random Tree」などの、主要なアルゴリズムでは「1」と識別されています。

＊

機械学習では、「学習データ」が多くなるほど「計算時間」が増し、場合によっては自前のパソコンでは「メモリ・オーバー」となったりします。

「言語処理」の「NN」だけでなく、「RSTM」などでも数時間かかるものもあるのです。

自前のパソコンで手堅く計算をやっていく場合、ある程度のまとまりの「データ群」で実証実験をしながら進めていくと、「過学習」や「誤認識」「エラー」を回避する近道になります。

また、「Python」を使ったプログラミング(「Python」では「ソースコード」と呼びます)では、コード中に意図的に過学習防止のための仕組みを入れ込むことができます。

プログラミングを使わない「パッケージ型」の場合では、いくつかの「データ・パターン」で、「過学習」や「誤識別」を検証することが必要です。

こうした検証は、ぜひやることをお勧めします。
検証をやるうちに、「機械学習」「AI」の仕組みに対する理解が増し、何度も行なううちに、「このデータは、なんか変だ……！？」と気が付くことが多くなってきます。

Column 「周波数変換」に出てくる「フーリエ」と「オイラー」の公式

「音」や「画像」を周波数に変換する手法は「フーリエ(Fourier)変換」と呼ばれるものでした。

その式は次のように表わされます。

どうしても難解さが付きまといますが、少々お付き合いください。

$$\hat{f}(\omega) = \frac{1}{2\pi}\int_{-\infty}^{\infty} f(t)\, e^{-i\omega t}\ dt$$

さまざまな「事象」や「現象」を考える場合、対象を「別の視点のデータ」に変換すると、その特徴を掴む上で便利です。

このような対象は、現実的にはある時間、あるいは画像の画素の範囲内で捉えます。

しかし、その時間や順番の「始まり」や「終わり」を最初から「区切られた時間範囲」の中で捉えるのではなく、まず「無限」という基本的なモデルを考え、その後で有限範囲で捉えることで、いわゆる「対象の一般化」ができます。

これを数学的に表現すると、

$$-\infty < t < \infty$$

で定義され、区分的に連続な関数(厳密には複素数値関数)を「f(t)」とします。

このとき、区分的に連続で積分可能な関数(複素数値関数)に対して、次のようになります。

$$\hat{f}(\omega) = \frac{1}{2\pi}\int_{-\infty}^{\infty} f(t)\, e^{-i\omega t}\ dt$$

この「$\hat{f}(\omega)$」がf(t)の「フーリエ変換」です(fの上の記号は「ハット」と呼びます)。

たとえば、「f(t)」が(0<t≦1)のときは、次のように展開できます。

$$\begin{aligned}\hat{f}(\omega) &= \frac{1}{2\pi}\int_{-\infty}^{\infty} f(t)\, e^{-i\omega t}\, dt \\ &= \frac{1}{2\pi}\int_{-1}^{1} e^{-i\omega t}\, dt \\ &= \frac{1}{-2\pi\omega i}\left[e^{-i\omega t}\right]_{-1}^{1} \\ &= \frac{1}{-2\pi\omega i}\left(e^{-i\omega} - e^{i\omega}\right) \\ &= \frac{\sin\omega}{\pi\omega}\end{aligned}$$

ここで、「sin ω」という、中学高校のときに出てきた「三角関数」が出てきました。

概観すると「波によって、いろいろ変換されている」ということです。

この「フーリエ変換」を「曲線の連続」から、細かく分けて「細長い長方形の集まり」と考えると、「フーリエ変換」を「足し算」で表現することができます。

これを「**離散化**」と言います。

「n」個だけ「標本」(サンプル、個体)を取った場合、その「フーリエ変換」(離散フーリエ変換)は、

$$\hat{f}_n = \frac{1}{n}\sum_{k=0}^{n-1} f(k)\, e^{-im\frac{2\pi}{n}k}$$

と表現できます。

「**離散**」という言葉が出てきましたが、たとえば「連続のデータ」を単純に「縦棒グラフ」などで表現すると分かりやすくなります。

この連続的なものを離して代表させる方法を、「離散化」と呼んでいます。

余談ですが、この式に出てくる「e」の部分は、「**オイラーの公式**」(Euler's formula)を用いることで、「三角関数」と「指数関数」に結びつけることができます。

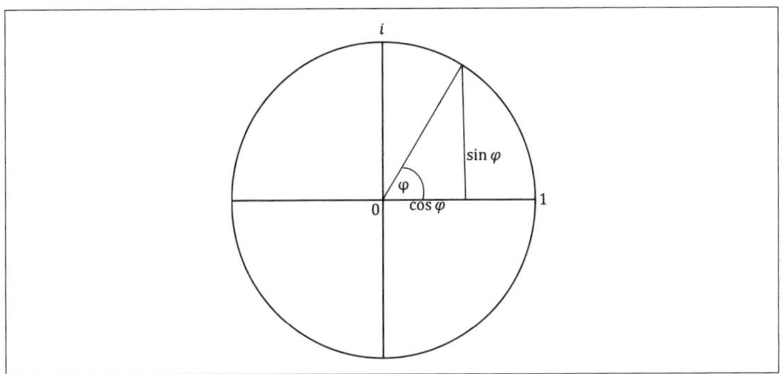

図6-38　「オイラー式」を理解するための単位円

「オイラーの公式」は、次のとおりです。

$$e^{i\varphi} = \cos\varphi + i\sin\varphi$$

図6-38に出てくる「i」は「**虚数**」です。

「虚数」は高等学校で出てくる「複素数」という考えで重要なものです。

図6-38の円を、横軸「1」の所から半時計周りに「π /2」(90°)進んだところが「i」ですが、さらに「π /2」進んだ「180°」のところが「－1」になります。

つまり、「i」は、90°回転して「i」になり、さらに90°回転した180°のところは、「i×i=-1」となります。

これが有名な「**2乗してマイナス(－)になる**」ということで、この図の重要な意味です。

■ 参考文献

1) 吉田信夫：『虚数と複素数から見えてくるオイラーの発想』，技術評論社，2013.4.25.

2) 武者利光：『ゆらぎの世界』，講談社(BLUE BACKS)，1997.1.23.(第26刷)

3) 入江昭二・垣田高夫共著：『応用解析の基礎4 フーリエの方法』，内田老圃新社，昭和56年4.15.(第3刷)

第7章

視覚化処理に便利な「RapidMiner」

「ラピッド・マイナー」（RapidMiner）は、「Weka」や「R言語」と互換性がある、「データ・マイニング」「テキスト・マイニング」「機械学習」を扱えるソフトで、「Java」で組まれています。

特に「データ・マイニング」ツールとしては、2010年には実務での使用率が世界No.1という実績をもっているので、この章ではダウンロードとインストールの仕方、および初心者がはじめて使うための方法について解説します。

7-1 「RapidMiner」と「Weka」

「ラピッド・マイナー」は、それ自体でも「機械学習」を行なうことができますが、特に「アルゴリズムの視覚的な図化」に関しては、「Weka」と一体的に使うことで「機械学習の応用の裾野を広げることができる」という大きな利点があります。

■「RapidMiner」のダウンロードとインストール

ダウンロードとインストールは、次のサイトから行なうことができます。

https://rapidminer.com/

図7-1が「ラピッド・マイナー」のメインページです。

2020年7月末時点で、バージョンは「9.7」が最新版です。

手順 「RapidMiner」のダウンロード

[1]図7-1の「GET STARTED」ボタンをクリック。

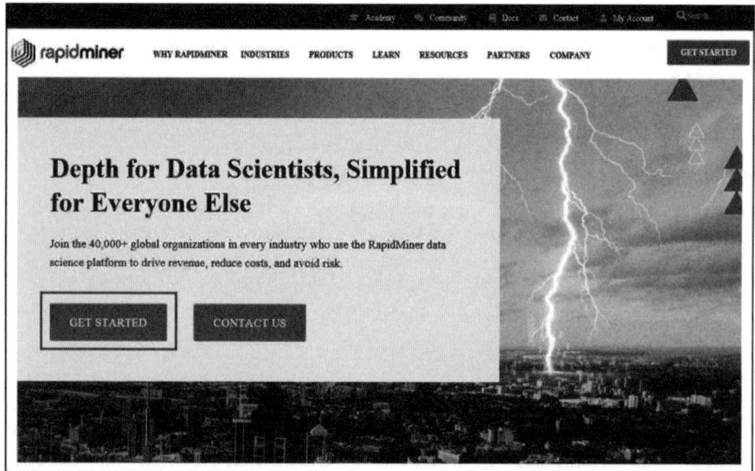

図7-1 「RapidMiner」のメインページ

[2]図7-2の「RapidMiner Studio の DOWNLOAD」ボタンをクリック。

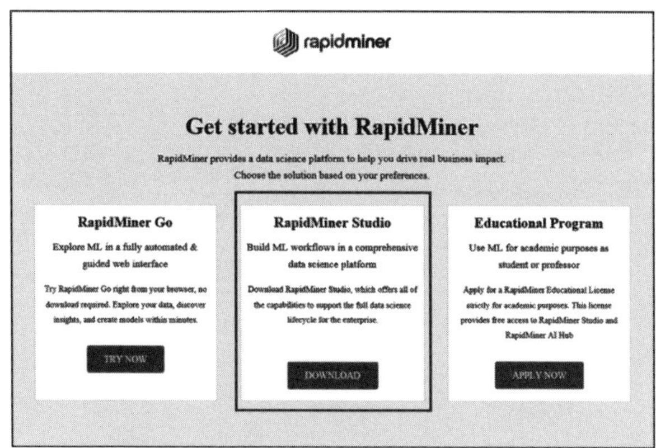

図7-2 「RapidMiner」のダウンロードページ

[3] パソコンの「OS」を選びます。

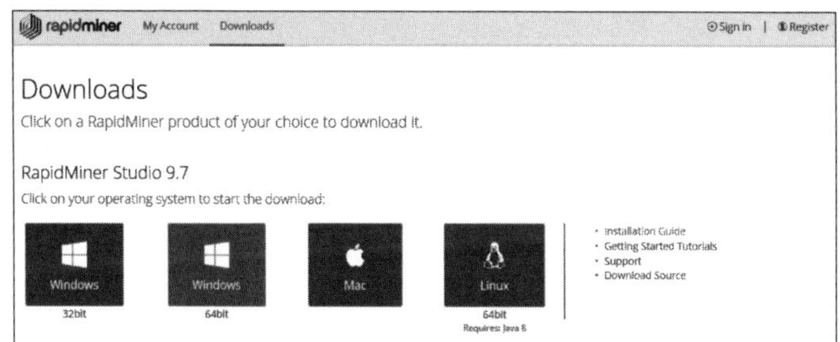

図7-3 「RapidMiner」のダウンロードのOS選択画面

[4] 「Setup Wizard」の画面の「**Next**」ボタンをクリック。

図7-4 Setup Wizard

[5] ソフトの使用許諾書の画面は「I Agree」（同意する）をクリック。

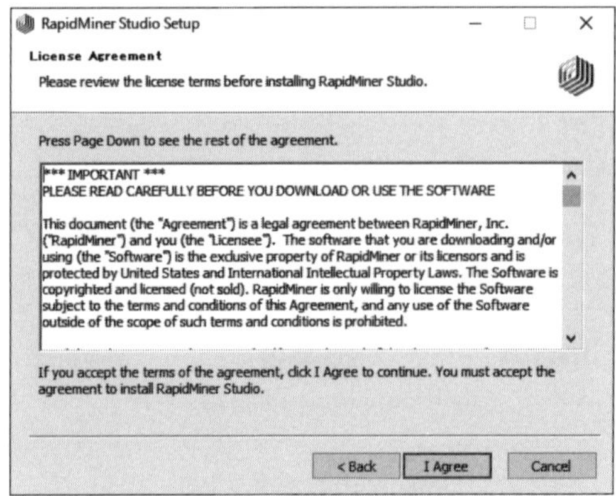

図7-5　「I Agree」（同意する）をクリック

[6] インストール先を聞いてくるので、特に指定をしない場合は、「Install」ボタンをクリック。

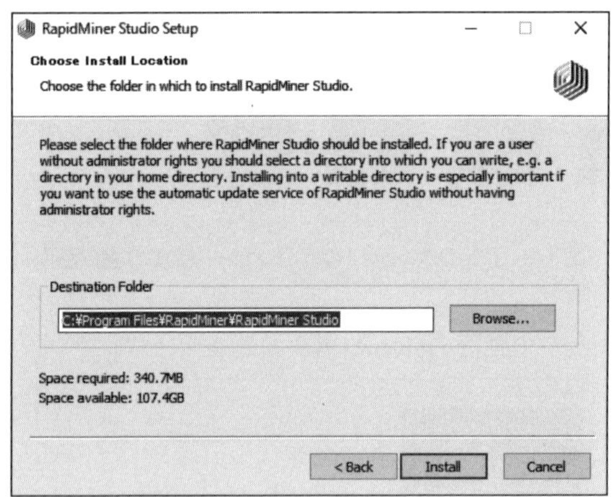

図7-6　「Install」をクリック

[7]「セットアップ」が始まります。

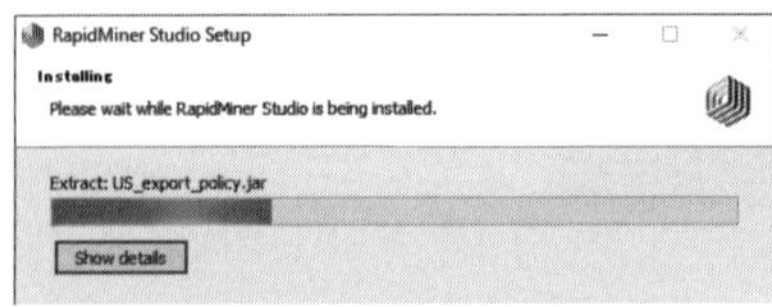

図7-7　「セットアップ」の開始

[8]「セットアップ」が終わると、図7-8の画面になるので、「Finish」ボタンをクリック。

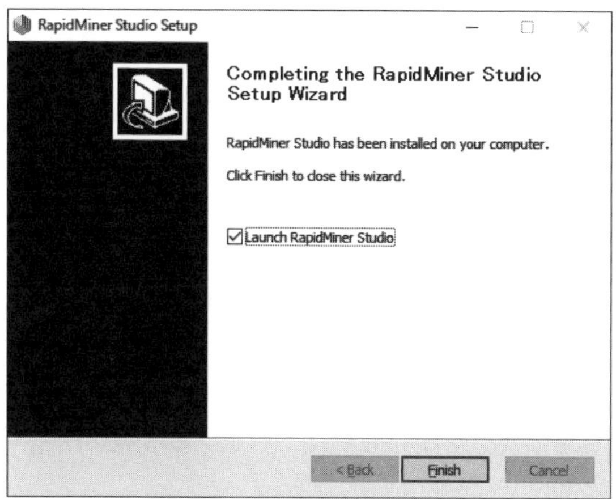

図7-8 「Finish」をクリック

[9]「ラピッド・マイナー」は、図7-9のように、ローカルディスク(：C)の「Program Files」の中にインストールされています。

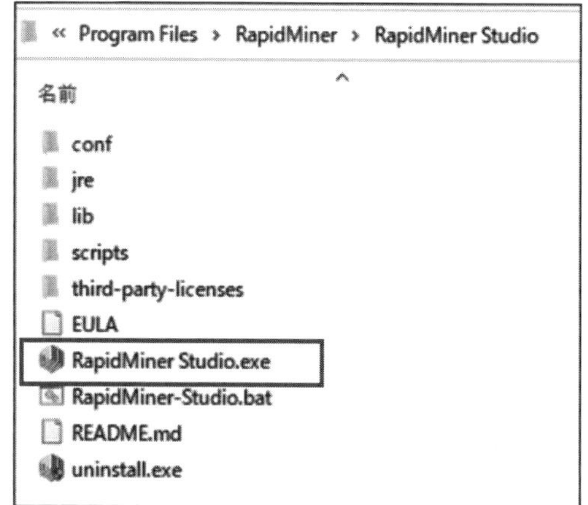

図7-9 「RapidMiner」のインストール先

アイコンを「デスクトップ」へ置きたい場合は、「Rapid Miner Studio.exe」を右クリックして、「送る」でデスクトップにアイコンを作れます。

※初めてのインストールのときは「サインアップ」が必要です。

● 「無償」と「有償」の注意

「ラピッド・マイナー」は、1か月間はすべての機能が無償で使えますが、その期間をすぎると、**図7-10**の枠線部分の機能しか使えなくなります。

とはいえ、それでも機械学習をするにはかなり役立ちます。

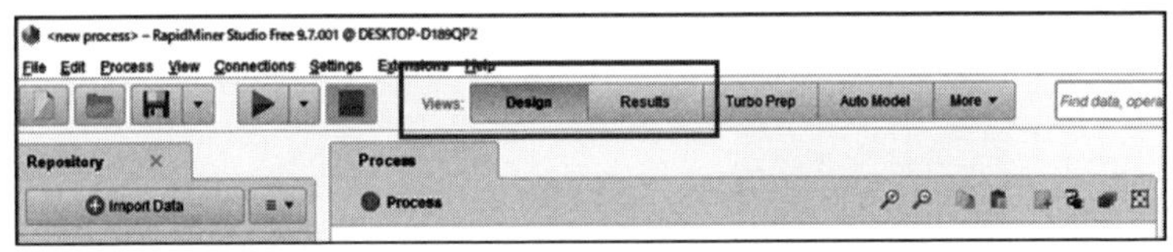

図7-10 「RapidMiner」のタブ

また、インストール後、おおむね1週間に1回程度、「DM」(広告のダイレクトメール)がきますが、勝手に有償化されることはないので、特に気にすることはありません。

■ 「RapidMiner」の使い方

「ラピッド・マイナー」のアイコンをクリックすると、**図7-11**の画面が表示された後、**図7-12**の画面に切り替わります。

図7-11 「RapidMiner」の最初の画面1

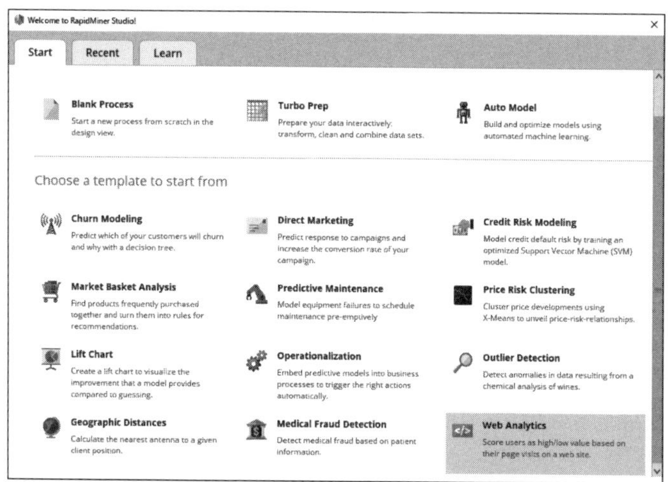

図7-12 「RapidMiner」のチュートリアル画面(Blank Processで新規作成)

「Blank Process」でファイルの新規作成が可能です。

慣れてきたら、この画面からいろいろと「ラピッド・マイナー」を拡張することができます。

ぜひ、いろいろ試して、「ラピッド・マイナー」に慣れてみてください。

練習用の「サンプル・データ」も用意されていて便利です。

図7-13は実際に作業するときの「ラピッド・マイナー」の画面です。

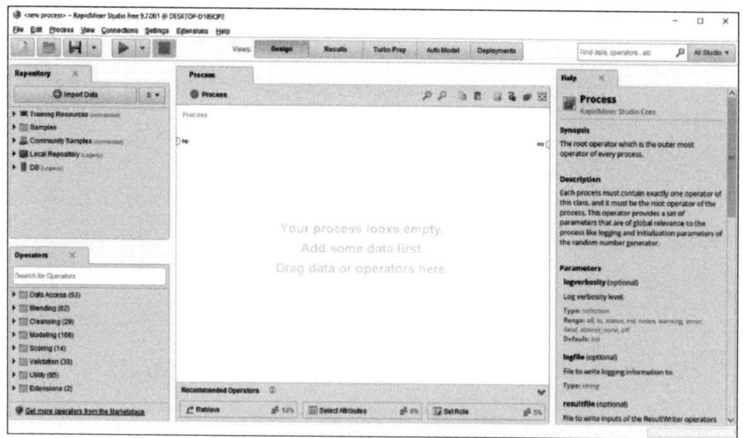

図7-13 「RapidMiner」の作業画面

最初にあらかじめ用意されている「データ・セット」を使う方法について解説します。

ここでは「Samples→data→TITANIC」というデータを使います。

手 順 「データ・セット」の使いかた

[1] マウスで対象のファイルを中央の白い画面の中にドラッグ&ドロップ。

[2]「四角いボックス」が入るので、右上の半円の「out」のところにマウスを置き、左ボタンを押したまま画面右端の「res」のところまでドラッグ。

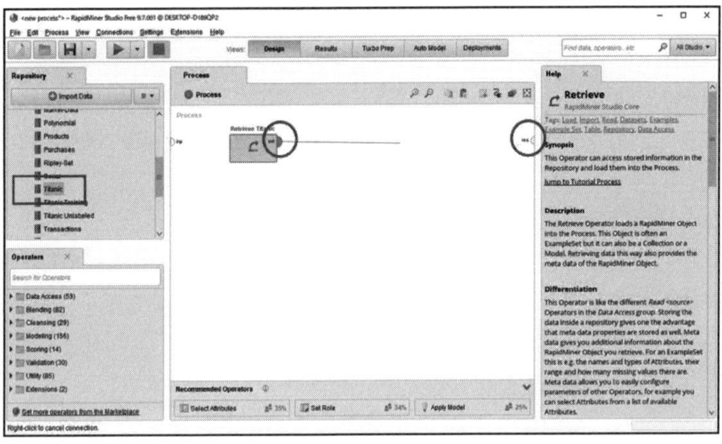

図7-14 「RapidMiner」の使い方1

[3] 以上の操作を行なうと、図7-15のようにボックスと線が結ばれます。

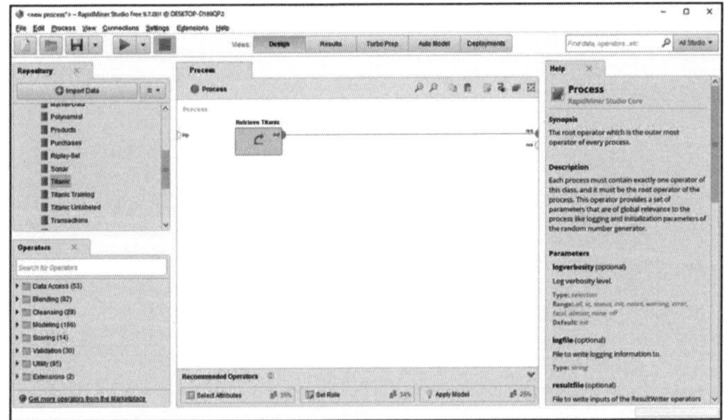

図7-15 「RapidMiner」の使い方2

[4] 次に使いたい「アルゴリズム」を選び、「ドラッグ＆ドロップ」で先ほどの線の上にドロップ。

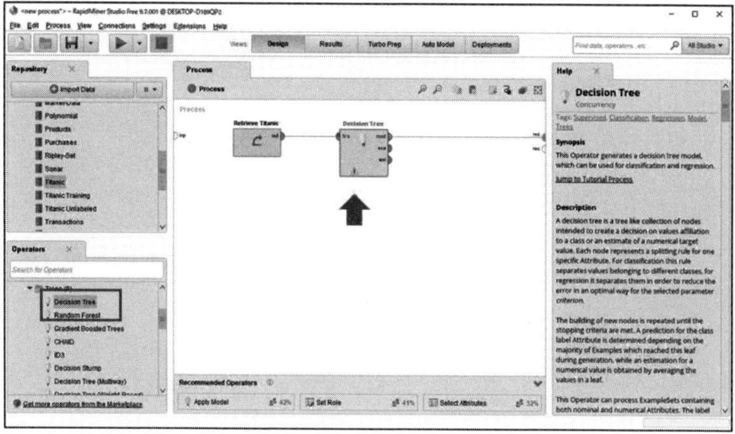

図7-16 「RapidMiner」の使い方3

[5] アルゴリズムを白い画面に落とすと、「黄色い△印」が出てきます。

この部分をクリックすると、**図7-17**のようになるので、その部分をクリック。

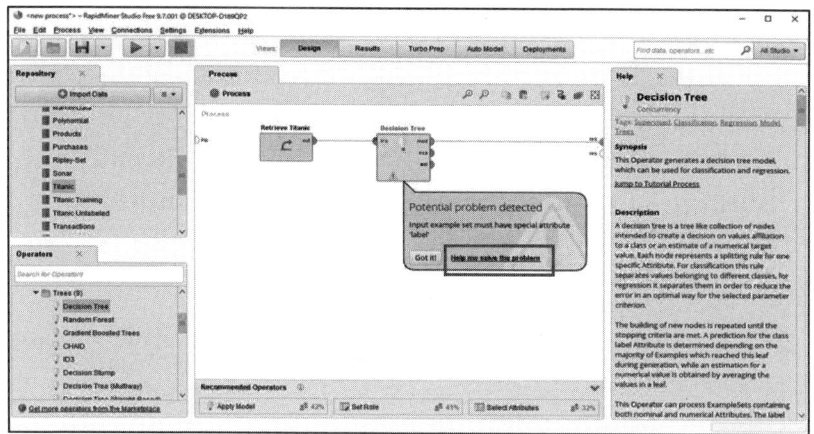

図7-17 「RapidMiner」の使い方4

（枠内は「Help me solve the probrem」と記載された部分）

[6] すると、図7-18の画面が出てくるので、「OK」ボタンをクリック。

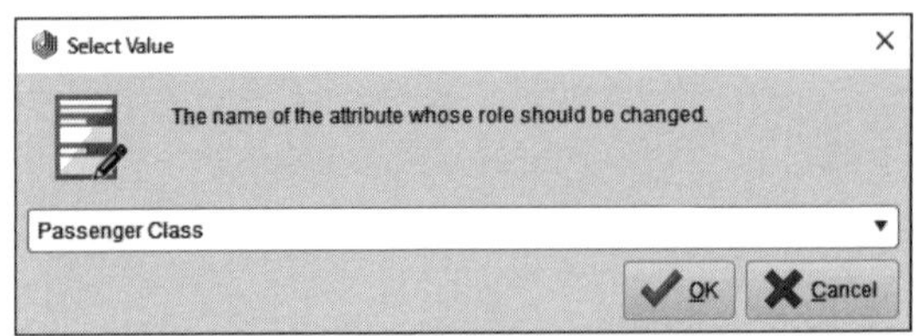

図7-18 「RapidMiner」の使い方5

アルゴリズムによっては、また注意ボタンが出てくるときがありますが、同じ繰り返しです。

[7] 図7-19の枠線の「青い ▶」ボタンをクリックすると、指定したアルゴリズムによって計算が行なわれます。

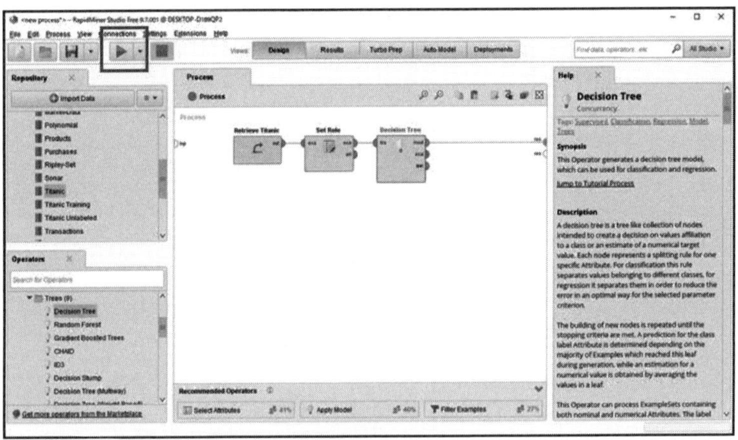

図7-19 「RapidMiner」の使い方6

図7-20は、「Operatorsタブ」の「Modeling→Predictive→Trees→Decision Tree」の「決定木」で計算を行なったものです。

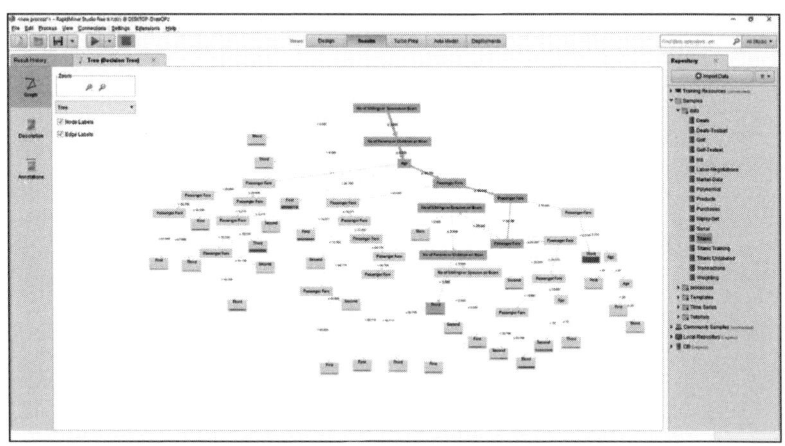

図7-20　「決定木」での計算結果

出来上がった「決定木」の各部分をマウスでクリックすると、その要素がどことつながっているかを水色の線で強調して分かりやすくしてくれます。

図7-21は画面上の「Results」タブから、画面左の「Weight Visualizations」を選んで結果を表示させたものです。

図7-21　視覚化したデータ

● 自前のデータを読み込む

自前のデータを読み込ませる場合は、「Excel」で作って、「csv形式」で保存したものを使います。

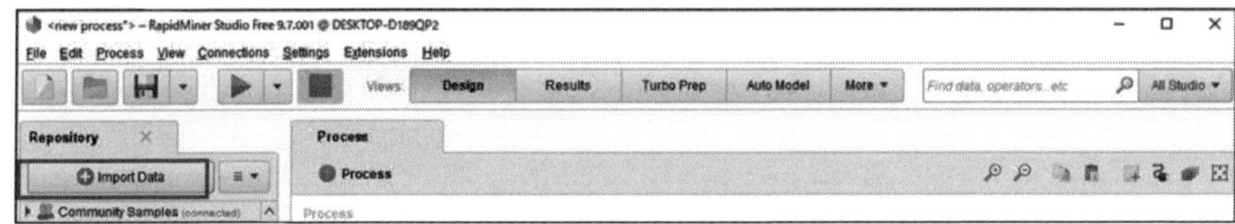

図7-22　自前のデータの読み込み1

データを読み込むには、図7-23の画面「My Computer」を選びます。

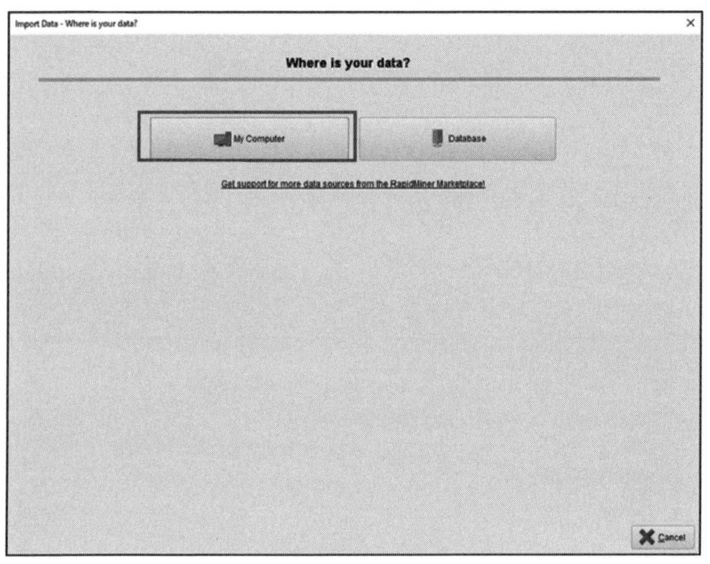

図7-23　自前のデータの読み込み2

また、サンプルデータそのものを見たい場合は、サンプルデータがあるフォルダのファイルの上でダブルクリックすると中身を確認することができます。

データをExportさせたい場合は、「File」から「Export Process」でメモ帳に保存することもできますし、単純に画面上からデータを選択して、コピー&ペーストでExcelにもっていくこともできます。

このデータの読み込みや書き出しは、何度か練習すると慣れてきますので、やってみてはいかがでしょうか。

＊

「ラピッド・マイナー」の優れた特徴は、機械学習のアルゴリズムが豊富なだけでなく、「Weka」が実装しているアルゴリズムを「視覚化」したいときにとても便利だという点です。

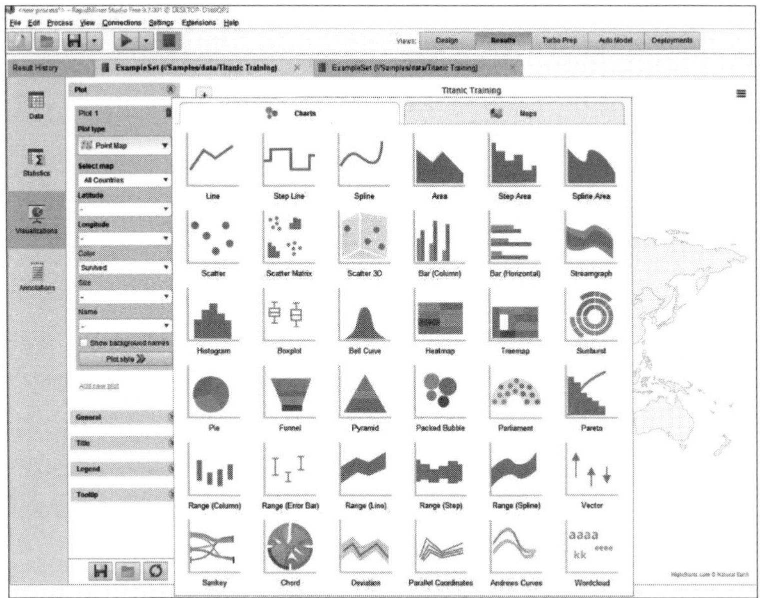

図7-24 「RapidMiner」の視覚化の種類

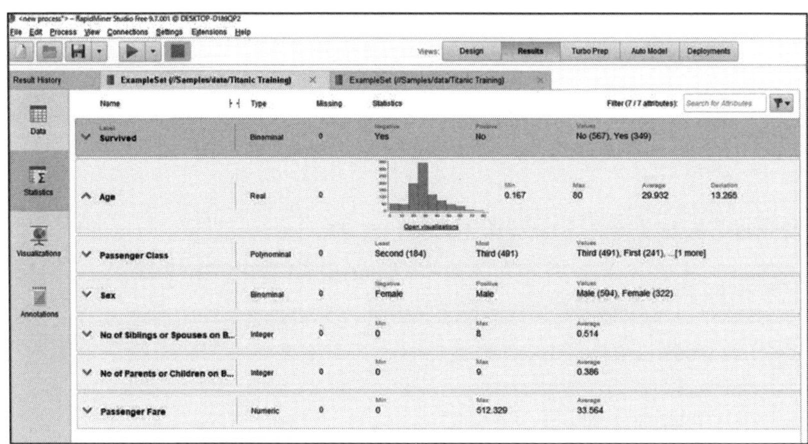

図7-25 視覚化したいところでクリックすると図が表示される

7-2 タイタニック号でシミュレーション(RapidMiner & Weka)

本章の最後に、「機械学習」「AI」を学ぶ方にとって興味深いシミュレーションを行なってみたいと思います。

1997年に公開された、ジェームズ・フランシス・キャメロン(James Francis Cameron)監督・脚本の映画、「タイタニック(TITANIC)」の主人公の生存確率を、実際の乗客名簿を「学習データ」に使ってシミュレーションする仕方を紹介します。

■「RapidMiner」に用意されている「タイタニック号」のデータ

「タイタニック号沈没事故」とは、1912年4月14日23時40分に「**タイタニック号**」(正式名：Royal Mail Ship Titanic)が大西洋の氷山と衝突、乗員乗客2,224人のうち1,513人が犠牲(諸説あり)となった痛ましい海難事故です。

タイタニック号は、総トン数46,328t、全長269.1m、全幅28.2m、高さ53mで、1985年9月1日に海底3,650mに沈没しているのが見つかりました。

図7-26 タイタニック号(出典:参考文献1、2)

映画はこの史実をもとに製作されています。

主演はレオナルド・ディカプリオ(Leonardo Wilhelm DiCaprio：Jack Dawson役)、その恋人のローズ役はケイト・ウィンスレット(Kate Winslet：Rose Dewitt Bukater役)で、最後にローズが生き残るという物語です。

*

タイタニック号の乗客名簿と諸データは「RapidMiner」の「Example Set」にサンプルデータとして入っています。

この「タイタニック」は、実は機械学習の「懸賞コンペ」として「Kaggle」で出題されたテーマの一つです。

ただし、映画の主人公の生存確率の算出ではありません。

ここで、映画の主人公のデータをタイタニックの乗客名簿の項目に沿って、記載しておきましょう。

ジャック・ドーソン(Jack Dawson)

17歳、male(男)、3等船室、乗船地 Southampton、伴侶・家族なし

ローズ・デウィット・ブケイター(Rose Dewitt Bukater)

16歳、female(女)、1等船室、乗船地Southampton、伴侶・家族あり

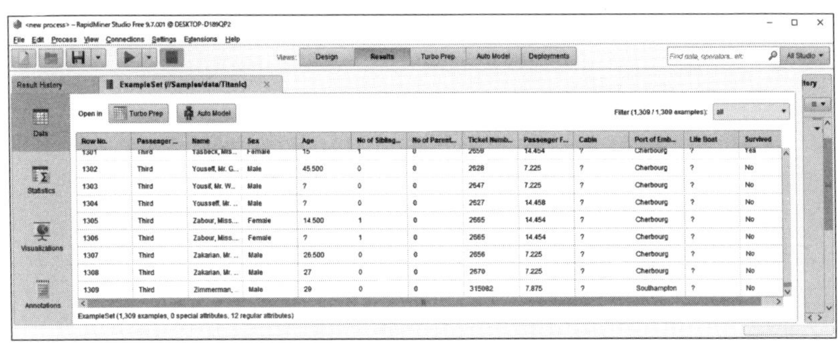

図7-27 「RapidMiner」のサンプルデータに実装されている タイタニック号の乗員1309人ぶんのデータ

●「Kaggle」(カグル)と「GitHub」(ギットハブ)

「Kaggle」は、世界中の「機械学習」「AI」の統計専門家、データ分析者、技術者、研究者らが最適なモデルを競い合うことを前提に、2010年4月にアメリカで作られたプラットフォーム、およびその運営会社です。

2017年にGoogleによって買収されました。

「公開課題方式」で、出題された課題の最適解を導き出した回答者には賞金が贈られます。

賞金と引き換えに、最適解は第三者が利用できる公式ブログに掲載される仕組みになっており、多くの「機械学習」「AI」の進展に貢献してきました。

「タイタニック」のコンペは常時開放されていたオープンコンペで、誰でも

「Kaggle」に登録すれば解答を送ることができるものです。

データは、初心者用にアレンジされたデータと模範となる「Python」による解答が「GitHub」に掲載されています。

＊

「GitHub」は、アメリカのサンフランシスコ市に拠点を置くGitHub社のサービスです。

「オープンソース・プロジェクト」向けの無料アカウントを提供しており、さまざまなデータや「オープンソース・コード」(プログラミング)が公開され、誰でも自由に閲覧などができます。

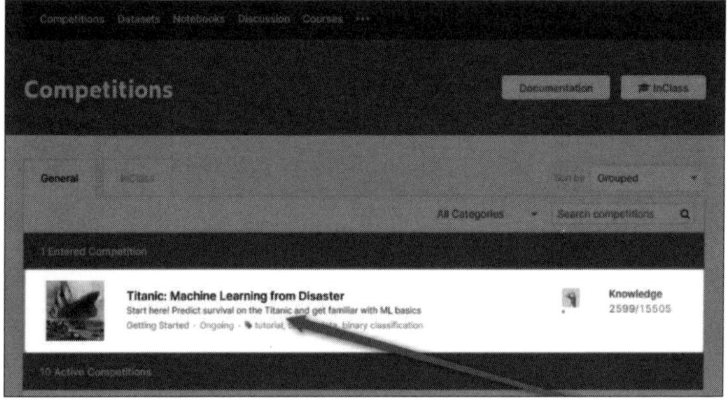

図7-28 「タイタニック」のKaggle懸賞コンペ

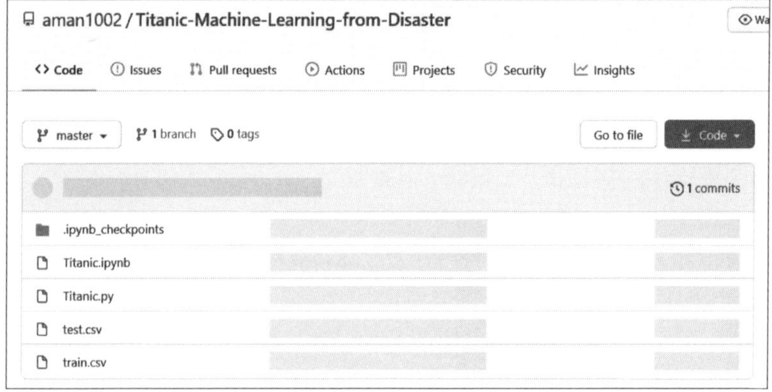

図7-29 「GitHub」に公開されている「Titanic-Machine-Learning-from-Disaster」

■「Weka」を使って映画の主人公の生存確率を求める

データから「ラピッド・マイナー」の「ランダム・フォレスト」（アンサンブル機械学習：Wekaにはこの視覚化がない）のアルゴリズムに描かせた「決定木」を、先に**図7-30**に掲載します。

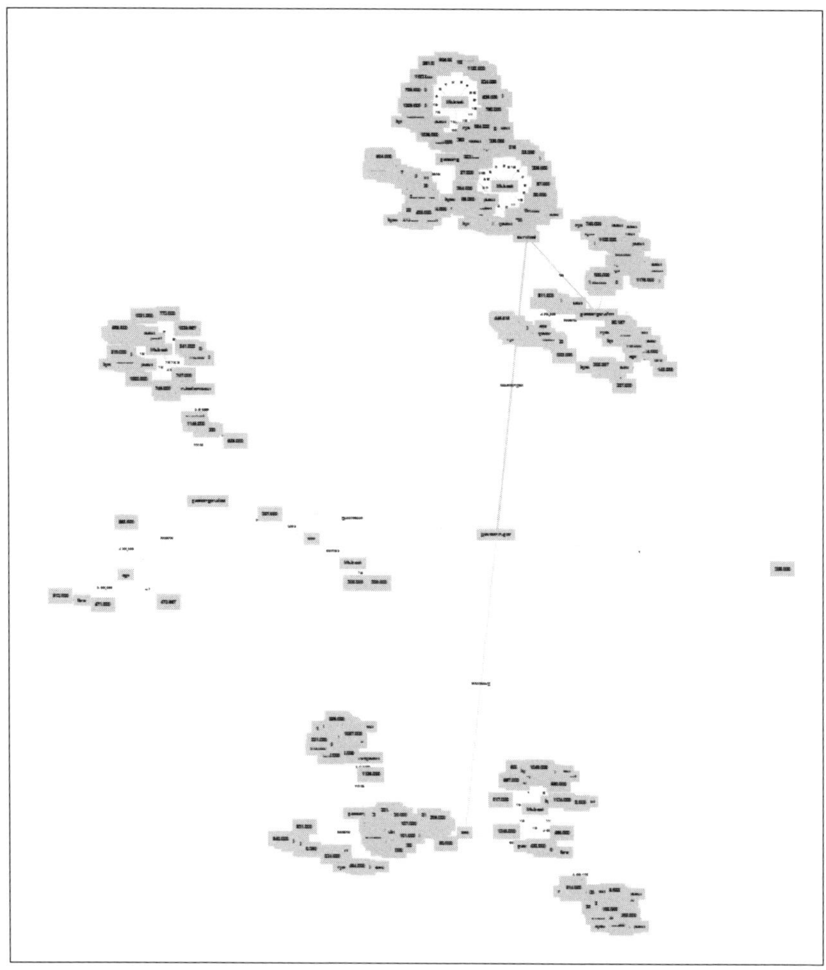

図7-30 「RapidMiner」の「Random Forest」

生存の有無に特定の関係が関わっていそうであることがうかがえます。

＊

次に、「Weka」の「Projection Plot」で関係を調べてみました。

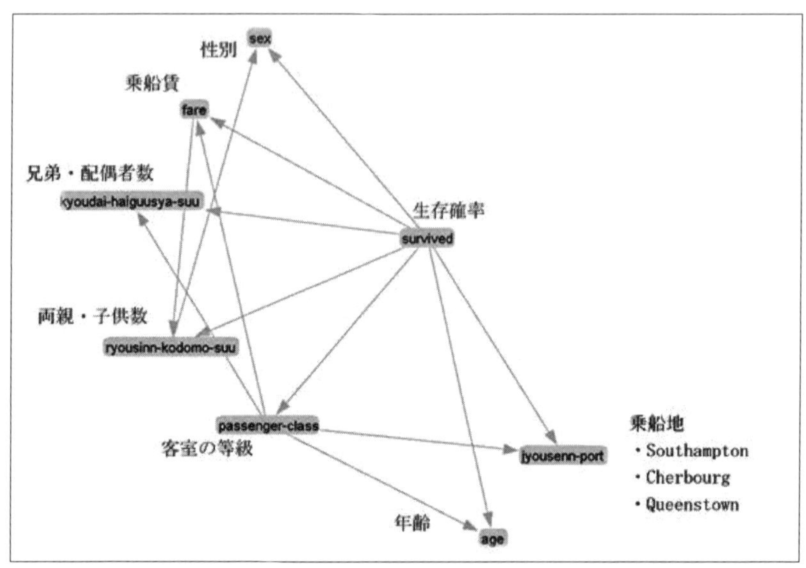

図7-31 「Weka」の「Projection Plot」で生存に関わる関係を調べる

図7-32は、データをExcelで「csv形式」にしたものを、「Weka」に読み込んで「Bayes」の「Bayesian Network」で計算して図化したものです。

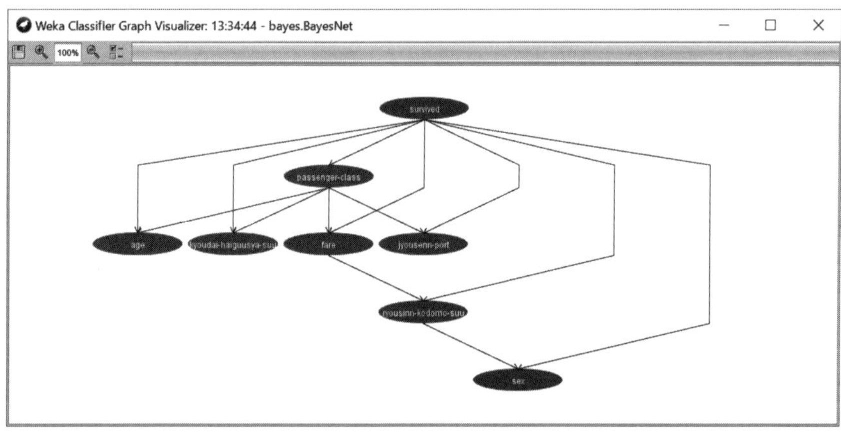

図7-32 Wekaの「Bayesian Network」の「TANアルゴリズム」

■ジャックとローズの生存確率

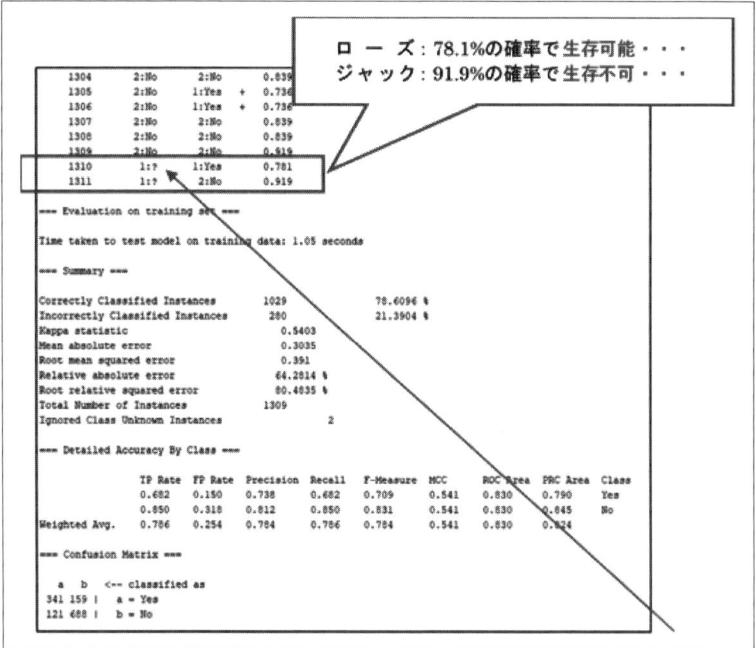

図7-33 「Bayesian Network」の「TANアルゴリズム」の計算結果
(ジャックとローズを「?」にして予測)

「Weka」の計算では、Excelで予測させたいところに「?マーク」を付けることで予測ができます。

「Bayesian Network」とWekaでの予測させる方法の詳細は**参考文献3**を参照してください。

■参考文献

1) Noblesse Oblige? Determinants of Survival in a Life and Death Situation, BRUNO S. FREY DAVID A. SAVAGE BENNO TORGLER CESIFO WORKING PAPER NO. 2425, CATEGORY 10: EMPIRICAL AND THEORETICAL METHODS, OCTOBER 2008

2) Encyclopedia Titanicia. (2008, 20th August 2008). Retrieved 20th March, 2008, From https://www.encyclopedia-titanic.org/

3) 和田尚之, 『機械学習コレクション Weka入門』, 工学社,2019.8.23.

索 引

アルファベット順

五十音順

■著者略歴

和田 尚之（わだ・ひろし）

宮城県気仙沼生まれ、東京日本橋人形町で過ごす。
日本大学在学中渡米、カリフォルニア大学バークレー校教授ガレット・エクボ氏の事務所で環境論の研究。
卒業後、日本大学数理工学科登坂宜好教授の研究室で、環境分野での境界要素法の研究。
1998年に長野に移住。
2003年、信州大学大学院工学系研究科博士後期課程修了（奥谷 巖教授・研究室）。地元の大学で非常勤講師として10年教鞭を取る。
その後、慶應義塾大学の武藤佳恭教授のもとで自然エネルギーを使った観光・地域活性化や機械学習の教育啓蒙活動などを行なっている。
専門は地域学（自己組織化臨界状態理論）、数理学（データサイエンス・機械学習）。

現　在　技建開発（株）教育センター長。工学博士、技術士、1級建築士、専門社会調査士。

[主な著書]

「機械学習コレクションWeka入門」工学社、2019年

本書の内容に関するご質問は、
①返信用の切手を同封した手紙
②往復はがき
③ FAX (03)5269-6031
（返信先の FAX 番号を明記してください）
④ E-mail　editors@kohgakusha.co.jp
のいずれかで、工学社編集部あてにお願いします。
なお、電話によるお問い合わせはご遠慮ください。

サポートページは下記にあります。

[工学社サイト]
http://www.kohgakusha.co.jp/

I/O BOOKS

「機械学習」と「AI」のはなし

2020年9月25日　初版発行　ⓒ2020
著　者　和田　尚之
発行人　星　正明
発行所　株式会社工学社
〒160-0004 東京都新宿区四谷 4-28-20 2F
電話　(03)5269-2041（代）［営業］
　　　(03)5269-6041（代）［編集］
振替口座　00150-6-22510

※定価はカバーに表示してあります。

印刷：（株）エーヴィスシステムズ
ISBN978-4-7775-2120-3